出土文獻綜合研究專刊之十六

秦漢簡牘系列字形譜

二

主　編　張顯成
副主編　王　丹　李　燁
編撰人員　張顯成　王　丹　李　燁
高　魏　劉國慶　雷長巍　滕勝霖
高　明　楊艷輝　陳榮傑　趙久湘

中華書局

目録

分譜之二 放馬灘秦簡字形譜

分譜之三　周家臺秦簡字形譜

第十　馬部——心部

分譜之四　龍崗秦簡字形譜

分譜之二

放馬灘秦簡字形譜

説明

一　本字形譜所收之字源自以下二書，一是中華書局二〇〇九年出版的《天水放馬灘秦簡》，二是甘肅文化出版社二〇一三年出版的《天水放馬灘秦簡集釋》（此書圖版爲紅外線照片）。《天水放馬灘秦簡》收録竹簡四百六十一枚，木板地圖七幅。按内容分爲四部分：《日書甲種》（七十三枚）、《日書乙種》（三百八十二枚）、《丹記》〔一〕（六枚）和木板地圖（七幅）。對於同一簡文，選取二書最清晰者入編。木板地圖文字均不甚清晰，故本字形譜未收入。

二　字頭共有單字二百八十一個，没有合文。《日書乙種》172簡壹欄有合文「營〓」（營室）〔二〕，但由於原字圖版太不清晰，無法處理成合格的入編字形。

三　辭例所標出處悉依《天水放馬灘秦簡》一書的編號，將《日書甲種》和《日書乙種》分别簡稱爲「日甲」和「日乙」。例如：「日甲8」表示《日書甲種》第8簡，「丹記4」表示《丹記》第4簡。若有分欄書寫者，則在簡號後以「壹」「貳」「叁」「肆」「伍」等大寫數字表示欄號，例如：「日乙169伍」表示《日書乙種》第169簡第五欄。

〔一〕《丹記》，《天水放馬灘秦簡》一書稱「志怪故事」，《天水放馬灘秦簡集釋》稱「丹」，《文物》一九八九年二期《天水放馬灘秦簡綜述》稱「墓主記」。該文獻所記爲一名叫丹的人的志怪類故事，按照文獻命名原則，當命「丹記」爲善，故如是改稱。

〔二〕如《凡例》所言，这裏的「營〓」實際上並不是嚴格意義上的合文。

單字

第一 一部——茻部

一部

0001

一

一

78

日乙55壹 ~于中食者五口

日乙120貳 不出~歲

日乙117貳 不出~歲

日乙321 三而~

0002

天

天

16

日甲24貳 絶~氣

日乙264 ~子失正

日乙260 ~下清明

日乙245 是〓自~以戒

上部

0003 重

上

43

日乙 169 伍
~六而生者

日乙 204 貳
~中呂

丹記 4
柏丘之~

日乙 155
~下

丅部

0004 重

下

44

日乙 169 伍
~八而生者

日乙 155
上~

日乙 260
天~清明

日甲 17 貳
日~

示部

0005

祠

18

日乙 16 壹
祝~

日甲 17 壹
可以祝~

日甲 13
可以祝~

0006 祝

祝 8

- 日甲 17 壹 可以～祠
- 日甲 13 可以～祠
- 日乙 16 壹 ～祠

0007 祟

祟 12

- 日乙 262 其～大
- 日乙 271 其～田及皋桑炾者
- 日乙 276 其～原死者

三部

0008 三

三 105

- 日乙 169 伍 ～而爲二
- 日乙 169 伍 ～而爲四
- 日乙 118 貳 各～兇
- 日乙 321 ～而一
- 日乙 304 秋～月
- 日乙 58 貳 ～月
- 日乙 168 肆 ～月
- 日乙 204 貳 九萬八千～百四
- 日乙 56 壹 ～人
- 日乙 165 禹步～
- 日乙 97 壹 秋～月
- 日甲 3 壹 ～月
- 日甲 55 壹 入月十～日
- 日甲 27 其室～人食
- 日甲 45 壹 入月～日

丹記 2
~年

士部

0009

壯

壯

4

日乙 73 貳
~午老戊

日乙 74 貳
~酉老丑

丨部

0010

中

中

313

日乙 143
夜過~女

日甲 23
在室~

日甲 33
臧墅林草茅~

日甲 43 壹
日~北吉

日乙 235 壹
日入至晨投~南吕

日乙 52 壹
日~北吉

日甲 61 壹
~夜西吉

日乙 232
日入至晨投~夷則

日乙 321
~期如參合之數

日甲 44 壹
~夜南吉

日乙 204 貳
上~吕

日甲 19 貳
未~

中

日甲54壹 日~南吉

日乙140 土日~子死

屮部

0011 毒

2

毐 日乙144壹 毋~之方

艸部

0012 若

23

日乙116貳 ~有死者

日乙271 人莫敢~

日乙246 又~虎

0013 斮

8

日乙238 ~鼻

日乙57壹 ~齒

日甲24壹 ~齒

0014 堇

2

日乙155 ~蒿殹

0015 蒿

2

日乙155 堇~殹

0016
草

草
2
日乙69 臧埜林～茅中
日甲33 臧埜林～茅中

茻部

0017
莫

莫
12
日乙271 人～敢若
日甲26 亡～而得
日甲16貳 ～食

第二　小部——冊部

小部

0018 小

19

- 日甲34　~目
- 日乙157　~虫 
- 日甲15　爲~嗇夫 

0019 少

17

- 丹記4　~麋
- 日乙100叁　東~可 
- 日乙136　~子死 

八部

0020 八

63

- 日乙57貳　日~夜八
- 日乙169伍　下~而生者 
- 日乙55貳　入~月四日 
- 日甲8　~月 
- 日乙204貳　九萬~千三百四 
- 日乙57貳　日八夜~ 
- 日甲50壹　入月~日

編號	字頭	字數	字形一	字形二	字形三
0021	公	8	日甲18壹 必摯而于～	日乙350 大過及北～	日乙350 ～外
0022	必	55	日甲3貳 ～復之	日甲18壹 ～摯而于公	日乙19貳 人～盡

牛部

編號	字頭	字數	字形一	字形二	字形三
0023	牛	12	日乙211 旄～毆	日乙22壹 马～	日甲31 ～毆
0024	牢	3	日甲37 再在～圈中	日甲15 可築閑～	

口部

編號	字頭	字數	字形一	字形二	字形三
0025	口	16	日甲22 食者五～	日乙55壹 一于中食者五～	日乙212 大～
0026	名	7	日甲32貳 ～曰輒	日甲39 ～曰灌	日甲38 ～曰環

0027	0028	0029	0030	0031	0032
吾	君	台	咸	啻	吉
9	16	1	3	11	329

0027 吾 9

日乙 290 ～心且憂

日乙 245 壽～康〓

日乙 290 ～腸且□

0028 君 16

日乙 261 卜事～

日甲 14 可以徹言～子除罪

日乙 242 事～

0029 台 1

日乙 356 ～（始）有署毆

0030 咸 3

日乙 289 貳 其味～

0031 啻 11

日乙 272 ～（帝）堯

日乙 96 壹 夏三月～（帝）爲室

日乙 118 壹 ～（帝）築室

0032 吉 329

日乙 53 壹 旦西～

日甲 43 貳 子旦～

日甲 44 壹 昏東～

日甲 44 壹 中夜南～

日甲 46 壹 昏北～

日乙 95 叁 東～

日乙 42 壹 昏南～

日乙 96 叁 南～

日甲 43 貳 日失～

日甲62壹　中夜西～

0033 各

日乙117貳　～一兇
日乙120貳　～五兇
日乙116貳　～四兇
日乙115貳　～六【兇】

9

哭部

0034 喪

日乙107貳　五月【丙】辰疾～
日乙23叁　必有～
日乙298　家有～毀

11

走部

0035 起

日甲21　～眾
日甲24貳　不可～土攻

8

止部

0036 歬

歬

11

前 日乙338 中其～爲未開

日乙165 爲禹～除道

日乙322 得其～五爲得

此部

0037 此

此

13

丹記5 如～

日乙254 [聚]～[揄]羊

日乙125壹 ～六旬龍日

正部

0038 正

正

33

日乙119貳 虛在～西

日甲1壹 ～月

日乙56貳 ～月

日乙154 ～月甲乙雨

是部

0039 是

是

50

日乙133壹 凡～=土禁

日乙71 以～亡

日乙8貳+13貳 ～=鬼夾之之門

日乙 245
～＝自天以戒

日乙 255
～＝大木有槐

辵部

0040 過

3

日乙 143
夜～中女

0041 逢

2

日乙 245
～山水

0042 逃

2

日甲 18 貳
～亡

0043 遠

13

日乙 321
～數有參之

日乙 74 壹
～所毆

日甲 18 壹
行＝～必摯而于公

0044 道

6

日乙 165
爲禹前除～

日乙 177 叁
星～

日乙 162 壹
～東北

彳部

0045 往

2

- 日乙299 爲~爲去

0046 彼

30

- 日甲3壹 ~（破）戌
- 日甲6 ~（破）丑
- 日甲7 ~（破）寅
- 日甲8 ~（破）卯
- 日甲12 ~（破）未

0047 後

27

- 日乙40下貳 夕得~言
- 日乙42貳 安~見之
- 日甲61貳 安~見之

0048 得

108

- 日甲26 亡莫而~
- 日乙40下貳 夕~後言
- 日乙42貳 晝~惡言
- 日乙55壹 ~男子毆
- 日乙57壹 ~男子毆
- 日乙97叁 北~

廴部

0049 建

28

- 日甲2壹 ~卯
- 日甲5 ~午
- 日甲3壹 ~辰

日乙3壹
～辰

行部

0050

行

行

78

日乙96貳
丙丁毋南～

日乙97叁
東毋～

日乙98貳
庚辛毋西～

日乙238
～彼=毆

日乙217
其～跌=

冊部

0051

扁

扁

2

日甲32貳
～（翩）然

第三 㕯部——卜部

㕯部

0052 商

篆	字數	字例
𠅣	2	日乙204壹 ～庚辰

古部

0053 古

篆	字數	字例
古	2	日乙244 ～（姑）先

十部

0054 十

篆	字數	字例
十	137	日乙168壹 氏～七；日乙56叁 ～月；日甲54壹 入月～二日

0055 丈

篆	字數	字例
支	3	日甲28 其盜～夫殴；日乙61壹 其盜～夫殴

0056
千
12

日乙 204 貳　九萬八～三百四

日乙 194 貳　七～一百

日乙 201 貳　八～九十八

言部

0057
言
59

丹記 7　丹～

日乙 243　～語

日甲 14　可以徹～君子除罪

0058
謀
2

日甲 21　可以～事

誩部

0059 重
善
45

日乙 206　～病心

日乙 236 壹　～病□中

音部

0060
音
19

日乙 260　以爲～尚

日乙 285　五～

日乙 281　～殹

辛部

0061 童

1

- 日乙 144 壹　不見～（瞳）子勿歙

収部

0062 戒

2

- 日乙 245　弗敬～

0063 兵

2

- 日乙 101 叁　西北見～

爪部

0064 爲

113

- 日甲 32 壹+30 貳　其～人方面
- 日乙 160　～尌 
- 日乙 169 伍　三而～二 
- 日乙 169 伍　三而～四

又部

0065 右

4

日乙333　一左一～

日乙254　左～可塱

0066 及

32

日乙77壹　再在屏圂方～矢

日甲21　可起衆～作有爲毆

日甲20壹　責人～摯人

0067 取

26

日甲34　～者

日乙16壹　可～（娶）妻

日乙371　～（娶）婦

史部

0068 事

31

日甲16壹　作～吉

日甲21　可以謀～

日乙310　百～塱

支部

0069 支

2

丹記4　四～（肢）不用

畫部

0070

畫

23

日乙 43 貳　～不説

日乙 40 下貳　～不聽

日乙 42 貳　～得惡言

殳部

0071

殳

2

日乙 321　～（投）者

0072

毆

208

日乙 56 壹　女子～（也）

日甲 13　良日～（也）

日甲 21　及作有爲～（也）

攴部

0073

啟

6

日乙 133 貳　凡～門

日乙 208　～顏

0074

故

2

日乙 260　復其～所

0075 政

政
2
日甲 20 壹　外～（征）

0076 收

收	
28	
日甲 2 壹　～子	日甲 7　～巳
日甲 3 壹　～丑	日甲 8　～午
日甲 6　～辰	

0077 攻

攻
11
日乙 97 貳　戊己毋作土～（功）
日乙 140　不可操土～（功）
日乙 154　邦有土～（功）

卜部

0078 卜

卜
14
日乙 271　～賈市
日乙 263　～獄訟

0079 卦

卦
16
日乙 255　林鐘之～
日乙 250　毋射之～

0080 貞	0081 占
貞	占
17	26
日乙 337 鐘其成~	日乙 322 ~盜
日乙 264 ~在大族	日乙 90 ~亡貨
日乙 277 ~才南〓呂〓	

第四　目部——刀部

目部

0082 目

27

日甲 37 出～

日甲 35 長赤～

日甲 34 長頸小首小～

白部

0083 皆

22

日乙 21 壹 ～【吉】

日乙 264 衆人～促

日甲 21 ～吉

0084 者

106

日乙 271 其祟田及皋桑炽～

日乙 55 壹 一于中食～五口

日乙 77 壹 盜～中人毆

日乙 116 貳 若有死～

日乙 169 伍 下八而生～

日甲 34 取～臧谿谷

0085 百

22

日乙 355 四～五

日乙 138 ～事凶

日乙 204 貳 九萬八千三～四

羊部

0086
羊
羊
9

日乙166 四日風不利～

日乙254 羭～

日乙73壹 未羊【殹】

鳥部

0087重
雒
雒
2

日甲15 有疾～瘳

受部

0088重
骰
骰
2

敢
日乙271 人莫～若

死部

0089
死
死
113

日甲3貳 ～以女日葬

日甲14 癉疾～

日乙108下叁 六月丁巳～亡

（上接）日甲 27　其一人已～矣
日乙 116 貳　若有～者

肉部

0090 肉 （說文小篆）2
日乙 3 貳　毋絶縣～

刀部

0091 利 （說文小篆）33
日乙 271　擅受其～
日乙 166　一日而風不～雞
日甲 67 貳　今～行

0092 則 （說文小篆）25
日乙 142　日～（昃）
日乙 232　日入至晨投中夷～
日甲 17 貳　旦～（昃）

第五 箕部——夊部

箕部

0093 重

其

173

日乙56壹 ～一人在室中

日乙60壹 ～盜在爲人黄皙

日乙271 ～祟田及皋桑炽者

日乙289貳 ～事有辠

日乙122壹 ～人逃亡

日乙289壹 ～穜[稷]

日甲35 ～爲人小面

日甲32壹+30貳 ～爲人方面

工部

0094

式

3

日乙322 以亡辰爲～

日乙322 投得其～

巫部

0095 巫

7

日乙250 靈～畜生之

日乙350 ～帝

日乙245 室有靈～

甘部

0096 甚

2

日乙15貳 ～多

曰部

0097 曰

51

日乙163 八～

日乙163 九～州央殹

日乙165 視之～

日乙255 林鐘之卦～

乃部

0098

乃

16

丹記 4　~聞犬狮

日乙 14 貳　~宜畜生

日乙 260　啻~誰之

可部

0099

可

118

日甲 13　~爲嗇夫

日甲 13　~以祝祠

日甲 13　~以畜六生

日甲 21　~以謀事

日甲 16 壹　~以入黔首

日甲 19 壹　~以

日乙 14 壹　~爲嗇夫

日甲 24 貳　不~起土攻

日甲 50 貳　安食~

日乙 116 壹　不~初垣

日乙 15 壹　~以治嗇夫

日乙 16 壹　~取妻

日甲 13　不~入黔首

亏部

0100 亏

篆	亏
數	13
日乙55壹	于一～（宇）中食者
 日乙262	説～黔首心
 日甲18壹	必摯而～公

0101 平

篆	平
數	32
 日甲6	～戌
 日乙3壹	～未
 日甲2壹	～午
 日甲7	～亥
 日甲8	～子
 日甲3壹	～未
 日乙4壹	～申

喜部

0102 喜

篆	喜
數	8
 日乙128	十～
 日乙303叁	冬而～之
 日乙72	～疾行

皿部

0103 益

12

- 丹記 4 類～（嗌）
- 日乙 242 ～[篤] 
- 日乙 360 壹 ～久 

0104 盈

29

- 日甲 2 壹 ～巳
- 日甲 7 ～戌 
- 日甲 8 ～亥 

去部

0105 去

6

- 日乙 299 爲～
- 丹記 5 鬼～敬走 
- 日乙 309 十憂以～ 

丶部

0106 主

22

- 日乙 5 貳 ～必富
- 日乙 356 厚而寬～ 
- 日乙 6 貳 其～必昌 

丹部

0107 丹

11

- 日乙 117 壹 啻築～宮而不成
- 丹記 2—3 以～未當死 
- 丹記 7 ～言

青部

0108

青

青 2

日乙 56 壹　盜~色

井部

0109

井

井 6

日乙 136　穿地~

日乙 161　東~爲下泉

日乙 24 叁　~居左

食部

0110

食

食 50

日甲 16 貳　夙~

日甲 49 貳　安~

日甲 51 貳　安~

亼部

0111

合

合 9

日乙 317　~日殹

日乙 283　黄鐘不~音

日乙 270　有~某殹

0112 今

今
2
日乙 299　～得=

0113 舍

舍
2
丹記 2　犀武論其～人尚命

入部

0114 入

入			
131			
日乙 217　日～至晨投	日甲 44 壹　～月二日	日乙 174 叁　西中以到日～	日甲 13　不可～黔首
日乙 55 貳　～八月四日	日甲 50 壹　～月八日	日乙 232　日～至晨投中夷則	日甲 17 貳　日未～
日乙 16 壹　可以～黔首	日乙 75 壹　盜從西方～	日乙 235 壹　日～至晨投中南呂	日甲 17 貳　日～

矢部

0115 矢

6

日乙 77 壹 在屏圂方及～（屎）

日甲 41 冄在屏圂方及～（屎）

日乙 327 下 爲死若～殹

冂部

0116 央

6

日乙 163 九曰州～殹

日乙 163 八曰風～

日乙 163 七曰星～

嗇部

0117 重 嗇

11

日甲 13 可爲～夫

日甲 14 可以治～夫

日甲 15 爲小～夫

麥部

0118 麥

1

日乙 164 子～丑黍

0119

久

久部	
8	
日乙116壹　必死不～	
日乙260　～乃處之	
日乙370　其病～	

第六 木部——貝部

木部

0120 木

24

日乙 77 貳 ~生火

日乙 255 是=大~有槐

日甲 35 蹇~下

0121 某

4

日乙 285 卜~自首春夏到十月

日乙 285 五音十二聲爲~貞

0122 築

12

日乙 23 叁 必以壬午~之

日乙 101 壹 ~外垣

日乙 118 壹 啻~室而臣不成

0123 杓

7

日乙 98 壹 ~（剽）子

日乙 97 壹 ~（剽）酉

日乙 95 壹 ~（剽）卯

東部

0124 東

106

日乙 95 叁 ~吉

日甲 56 壹 旦~吉

日乙 97 叁 ~毋行

- 日甲71壹　昏～吉
- 日乙58壹　在～方
- 日甲70壹　昏～吉
- 日甲44壹　昏～吉

林部

0125 林

林（小篆）　15

- 日乙255　～鐘之卦
- 日甲33　臧埜～草茅中
- 日乙229　投中～鐘

叒部

0126 桑

桑（小篆）　3

- 日乙271　其祟田及臯～炽者

之部

0127 之

之（小篆）　126

- 日乙3貳　絶～
- 日乙73壹　有從～出
- 日甲2貳　必女日復～

日乙144壹 毋毒~方

日乙42貳 安後見~

日乙89 必復~

日甲67貳 視~日

日甲3貳 必復~

日乙255 林鐘~卦

丹記4 柏丘~上

出部

0128

出

43

日甲16貳 日~

日甲33 爲人短面~【目】

日乙116貳 不~一月

日乙69 爲人短面~【目】

日甲34 有從【之】~

𣎵部

0129

南

124

日乙96叁 ~吉

日甲60壹 日中~吉

日甲55壹 日中~吉

（南，續）

- 日甲56壹　日中～吉
- 日乙73壹　盜者從～方【入】
- 日甲27　在西～
- 日甲44壹　中夜～吉
- 日甲54壹　日中～吉

生部

0130 生

生 44

- 日乙22壹　畜～（牲）
- 日甲16貳　～女
- 日乙169伍　下八而～者
- 日乙77貳　木～火
- 日甲13　可以畜六～（牲）
- 日甲16貳　～男

口部

0131 困

困 10

- 日乙75壹　爯在～
- 日乙2貳　～居西北
- 日甲35　臧～屋屒糞土中

0132 因

因 7

- 日乙241　～而三之
- 日乙293　～而參之
- 日乙355　～而三之

貝部

0133
賈

賈
8
日乙360壹 占～市
日乙271 卜～市
日乙360壹 占～市

第七 日部——白部

日部

0134 日

日  425

- 日甲 1 貳 男～
- 日甲 2 貳 必女～ 
- 日甲 4 貳 謂罔棌之～ 
- 日甲 17 貳 ～入 
- 日甲 18 壹 摯～ 
- 日甲 52 壹 入月十～
- 日乙 16 壹 平～ 
- 日乙 174 叁 西中以到～入 

0135 時

時 21

- 日乙 355 辰～
- 日乙 198 壹 ～日中 
- 日乙 243 投～ 

0136 昏

昏  63

- 昬 日甲 44 壹 ～東吉
- 日甲 54 壹 ～西吉 
- 日甲 70 壹 ～東吉 

0137 旱

旱 10

- 日乙 158 二月～
- 日乙 159 五月～ 
- 日乙 154 大～

旦部

0138 旦

127

- 日乙 40 下貳　~不聽
- 日甲 17 貳　~〈日〉則
- 日甲 43 壹　~西吉
- 日甲 44 壹　~西吉
- 日甲 52 壹　~南吉
- 日甲 16 貳　平~

晶部

0139 重 星

13

- 日乙 133 貳　以七~
- 日乙 321　~從期
- 日乙 163　七曰~央

0140 重 曑

12

- 日乙 299　得=其後~爲己
- 日乙 321　中期如~合之數
- 日乙 321　~合日辰

0141 重 晨

13

- 日乙 344　~（辰）爲妻
- 日乙 208　日入至~
- 日乙 235 壹　日入至~投中南呂

月部

0142

月

266

- 日乙55貳 入八～四日
- 日乙116貳 不出一～ 
- 日乙168貳 九～ 
- 日乙56貳 正～ 
- 日乙58叁 十二～ 
- 日乙2壹 二～ 
- 日乙84壹 八～ 
- 日乙76壹 旬～當得 
- 日甲9 九～ 
- 日甲47壹 入～五日 
- 日甲3壹 三～ 
- 日甲1壹 正～ 

0143

期

2

- 日乙321 中～如參合之數

有部

0144

有

130

- 日乙19壹 毋可以～爲毆
- 日乙155 ～年 
- 日乙3貳 絶之必～經焉 
- 日乙116貳 若～死者 
- 日乙154 大～年 
- 日甲32壹 ～（又）從【之】出

（前字）：日甲19壹 毋可以～爲毆；日甲67貳 禹～直五横

夕部

0145 夕 49
日乙283 ～從六十四；日乙40下貳 ～得後言；日乙38貳 ～不聽
日甲43貳 ～日凶；日甲47貳 ～日吉 

0146 夜 95
日乙57貳 日八～八；日甲71壹 中～南吉；日甲44壹 中～南吉 
日甲56壹 中～北吉 

0147 外 15
日甲20壹 ～政；日乙350 公～；日甲34 ～人毆 

0148 夙 2
夙 日甲16貳 ～食；日乙142 ～食女

多部

0149 多

29

- 日乙335 ～餘病
- 日乙286 夾鐘～一 
- 丹記4 死者不欲～衣 

禾部

0150 禾

9

- 日乙154 ～不享
- 日乙155 己雨～秀毀 
- 日乙155 癸雨～秀毀

0151 秀

2

- 日乙155 癸雨禾～毀

0152 年

10

- 日乙154 大有～
- 日乙155 有～ 
- 丹記4 盈四～ 

0153 秋

8

- 日乙304 ～三月西首
- 日乙97壹 ～三月 
- 日乙131壹 ～辛亥

米部

0154 氣

氣 2

日甲24貳 絶天～

凶部

0155 凶

凶 69

日乙376 有則～

日乙247貳 其賤～

日甲51貳 ～日

日甲49貳 夕日～

0156 兇

兇 26

日乙97叁 南～（凶）

日乙116貳 各四～（凶）

日乙96叁 西～（凶）

宀部

0157 室

室 39

日乙118壹 啻築～而臣不成

日甲27 其～三人食

日甲23 在～中

0158
定
29

日甲6　~亥

日乙8壹　~丑

日甲8　~丑

日乙4壹　~酉

日甲7　~子

日甲1壹　~午

日甲9　~寅

0159
宜
8

日乙8貳　婦人必~疾

日乙14貳　乃~畜生

日乙91下　~豕

0160
宵
1

日乙245　發中~（消）畏忌

0161
客
8

日乙16壹　賜~

日乙340　日爲~

日乙16壹　賜~

宮部

0162
宮
14

日乙117壹　啻築丹~而不成

日乙353　~賜毆

日乙176叁　~一

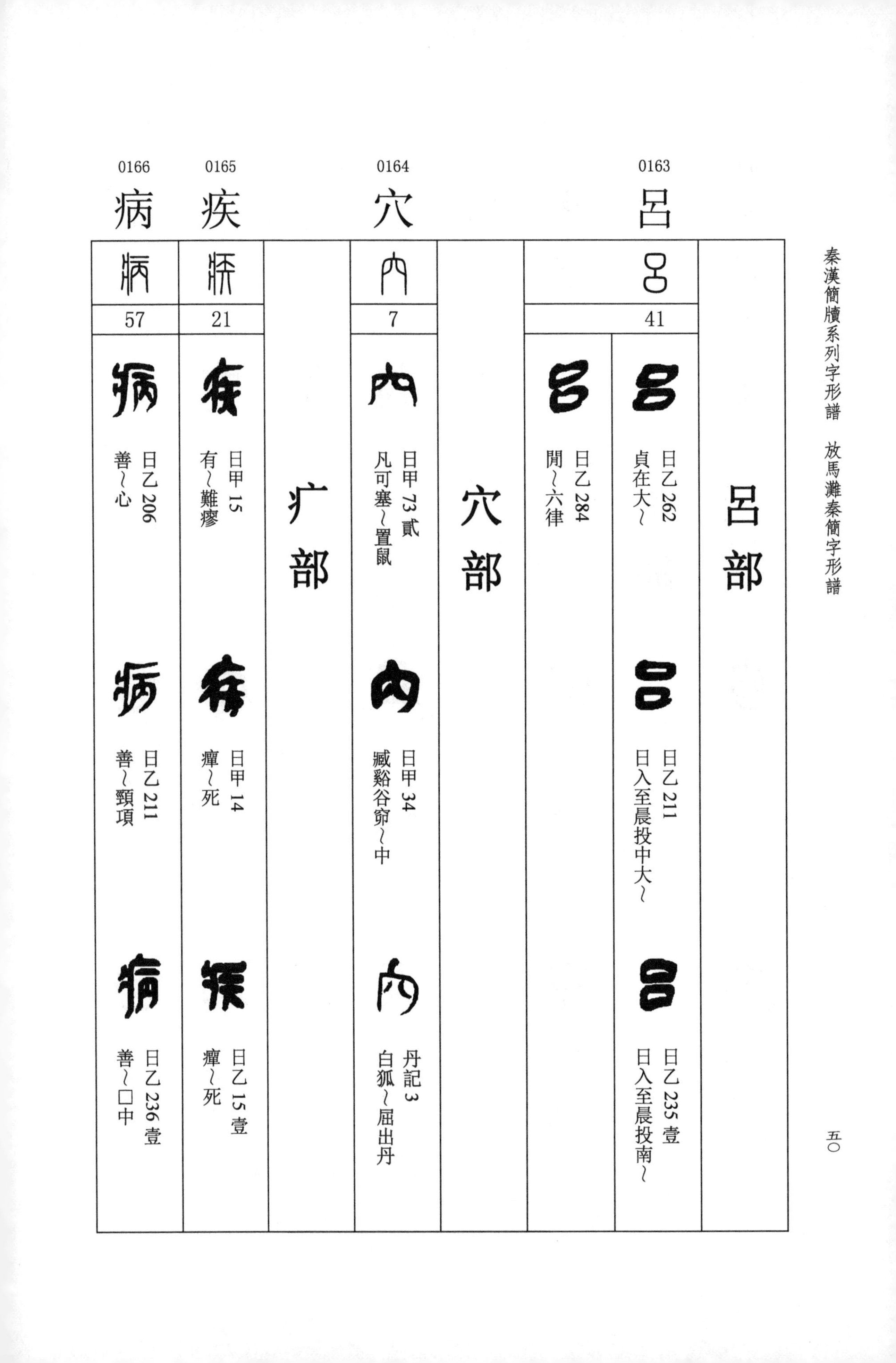

呂部

0163 呂 41

日乙262 貞在大~

日乙211 日入至晨投中大~

日乙235壹 日入至晨投南~

日乙284 閒~六律

穴部

0164 穴 7

日甲73貳 凡可塞~置鼠

日甲34 臧谿谷窌~中

丹記3 白狐~屈出丹

疒部

0165 疾 21

日甲15 有~難瘳

日甲14 癉~死

日乙15壹 癉~死

0166 病 57

日乙206 善~心

日乙211 善~頸項

日乙236壹 善~□中

白部

0167 白

8

日乙199壹 主人～色

日乙234壹 色蒼～

丹記3 ～狐穴屈出丹

0168 晳

11

日甲27 其盜在爲人黄～

日乙236壹 ～【色】

日乙230 蒼～

第八　人部——次部

人部

0169 人	0170 作	0171 任	0172 伐
113	13	1	6
日甲20壹 責～	日乙21壹 ～有爲毆	日乙239 行～【■】毆	日乙272 斬～冥■
日乙56壹 其一～在室中	日乙16壹 ～事		日乙305 ～空桑
日乙122壹 其～逃亡	日甲16壹 ～事吉		
日乙56壹 三～			
日乙96叁 東見疾～			
丹記4 雞鳴而～食			
日乙271 ～莫敢若			
日甲20壹 轂～			
日甲32壹+30貳 其爲～方面			

0173

免

10

日乙211 ～（俛）顔

日乙311 不～

日乙230 ～（俛）僂

从部

0174

從

45

日乙74壹 盜～西方【入】

日乙73壹 ～南方【入】

日乙321 星～期

北部

0175

北

110

日甲70壹 日中～吉

日乙264 ～方之啻

日乙57壹 從西～入

日甲61壹 旦～吉

日甲68 日中～吉

日甲46壹 昏～吉

日乙49壹 日中～吉

日乙52壹 日中～吉

日乙165 鄉～斗

日甲51壹 昏～吉

日甲56壹 中夜～吉

衣部

0176 衣

11

日甲 69 貳 新~良日

日甲 69 貳 ~新衣良日

日甲 70 貳 材~良日

裘部

0177 重 求

10

日乙 262 牝牡相~

日乙 321 參合日辰~星從期

日乙 277 人相~

尸部

0178 居

37

日乙 2 貳 困~西北

日乙 346 弗~軍

日乙 330 ~季權司西方

0179 屛

2

日乙 77 壹 冄在~圂方及

方部

0180

方

48

日甲22 西～

日甲23 從東～入

日甲26 盜在南～

日乙58壹 在東～

日乙75壹 盜從西～入

日乙77壹 冄在屛圂～及矢

儿部

0181

兑

11

日乙206 ～（鋭）頣

日乙206 ～（鋭）顔

日乙208 ～（鋭）喙

兄部

0182

兄

2

日乙254 有親弟～

先部

0183

先

14

日乙193 黄鐘以至姑～（洗）

日乙277 ～塱

日乙244 古～（洗）

見部

0184

見

21

日乙 96 叁　東～疾人

日乙 105 壹　～邦有盜

日甲 61 貳　安後～之

次部

0185

盜

55

日乙 60 壹　其～在爲人黄皙

日乙 61 壹　其～丈夫毆

日乙 77 壹　～者中人

日乙 322　占～

日甲 26　～在南方

日甲 31　～不遠

第九　面部——豕部

面部

0186 面

（小篆字形）

22

日乙77壹 爲人長～

日乙69 爲人短～

日乙211 長～

日甲33 爲人短～

首部

0187 首

（小篆字形）

19

日甲16壹 可以入黔～

日甲13 不可入黔～

日乙304 南～

須部

0188 須

（小篆字形）

2

日甲42貳 禹～臾所以見人日

司部

0189 司

27

日乙200壹　～水

丹記3　因告～命史公孫强

日乙330　～西方

色部

0190 色

37

日乙235壹　～

日乙56壹　盜青～

日乙199壹　主人白～

勹部

0191 旬

11

日乙125壹　此六～龍日

日乙115貳　甲子～

日乙76壹　～月當得

危部

0192 危

31

日乙177壹　～九

日甲6　～寅

日甲5　～丑

日甲4壹 ~子

日甲7 ~卯

日甲10 ~午

日乙3壹 ~亥

日乙289壹 其器~

日甲2壹 ~戌

石部

0193 石

2

日乙74壹 ~毆

長部

0194 長

30

日乙236壹 ~要

日乙232 ~靖=毆

日甲34 ~頸

勿部

0195 勿

2

日乙144壹 不見童子~歙

而部

0196 而 59

日乙 321 三～一

日乙 303 叁 冬～喜之

日乙 118 壹 啻築室～臣不成

日乙 169 伍 下八～生者

日乙 169 伍 三～爲二

日乙 169 伍 三～爲四

日乙 351 朝作～夕不成

日甲 18 壹 必摯～于公

丹記 4 雞鳴～人食

日甲 26 亡莫～得

豕部

0197 豕 6

日乙 166 三日風不利～

日乙 327 上 犬～之生殹

日甲 41 亥～殹

第十 犬部——心部

犬部

0198 犬

11

日甲72貳 ～矢

日甲72貳 ～弗居

日乙327上 ～豕之生毆

火部

0199 火

15

日乙244 不失水～

日乙77貳 ～生土

日乙77貳 木生～

黑部

0200 黔

8

日甲16壹 可以入～首

日甲13 不可入～首

日乙272 以政下～首

赤部

0201

赤

13

丹記1 邸丞～敢謁御史

日乙77壹 ～目

日乙206 ～黑

大部

0202

大

103

日甲31 ～（太）息

日乙236壹 ～口

日乙262 貞在～呂

日乙244 是=～囗

日乙211 日入至晨投中～呂

日乙157 ～虫

日乙250 ～（太）族

日乙157 ～雨

日乙264 ～（太）族

0203

夷

12

日乙244 ～則之卦

日乙202貳 ～則十一萬

日乙232 日入至晨投中～則

亦部

0204 亦

2

日甲3貳 男日～如是

夫部

0205 夫

20

日甲28 其盜丈～毆

日乙61壹 其盜丈～毆

日乙250 ～婦皆居

日甲14 可以治嗇～

日甲15 爲小嗇～

日甲13 可爲嗇～

心部

0206 息

2

日甲31 大～

0207 忌

17

日乙164 五種～

日乙245 發中宵畏～

日乙366 初入官～毆

第十一　水部——雨部

水部

0208 水

26

日甲 19 壹　雖利彼～

日乙 188 貳　申七～

日乙 244　不失～火

日乙 245　逢山～

0209 治

2

日乙 15 壹　可以～嗇夫

0210 清

1

日乙 260　天下～明

谷部

0211 谷

22

日乙 74 壹　在山～

日乙 68　臧山～中

日甲 34　取者臧谿～

夂部

0212

冬

冬 11

日乙304 ～三月北首

日乙131壹 ～癸亥

日乙130壹 ～壬子

日乙363 ～未

雨部

0213

雨

雨 38

日乙154 正月甲乙～

日乙155 己～

日乙155 戊～

日乙159 六日～

日乙160 七月～

第十二　不部——亾部

不部

0214 不

221

日乙118壹 音築室而臣～成

日甲18壹 ～可

日乙17叁 ～可爲南門

日乙119壹 ～可垣室

日乙61壹 ～得

日甲24貳 ～可起土攻

日乙69 ～得

日乙40下貳 旦～聽

日甲13 ～可入黔首

至部

0215 至

48

日乙238 旦～日中投中應鐘

日乙206 平旦～日中

日乙235壹 日入～晨投中南呂

日乙211 日入～晨投中大呂

0216 到

20

日乙174叁 西中以～日入

日乙137 ～巠

日乙136 ～要

西部

0217 西

108

日乙97叁 ～見言

日乙55壹 盜在～方

日乙57壹 從～北入

日乙53壹 旦～吉

門部

0218 門

46

日乙13貳 之～

日乙165 出邑～

日乙1貳 寡～

0219 開

27

日甲2壹 ～丑

日甲4壹 ～卯

日甲6 ～巳

日甲7 ～午

日甲10 ～酉

日甲12 ～亥

0220 閒

14

日乙 338 以其所中之辰～

日乙 322 投得其式爲有中～

日乙 284 ～吕六律

0221 閉

29

日甲 2 壹 ～寅

日甲 6 ～午

日甲 7 ～未

日甲 11 ～亥

手部

0222 摯

30

日甲 6 ～（執）子

日甲 7 ～（執）丑

日甲 8 ～（執）寅

日甲 12 ～（執）午

0223 投

53

日乙 232 日入至晨～中夷則

日乙 212 ～中大族

日乙 322 ～得其式爲有中閒

0224 失

33

日乙 119 貳 寅卯孤～

日甲 45 貳 日～（昳）凶

日甲 47 貳 日～（昳）凶

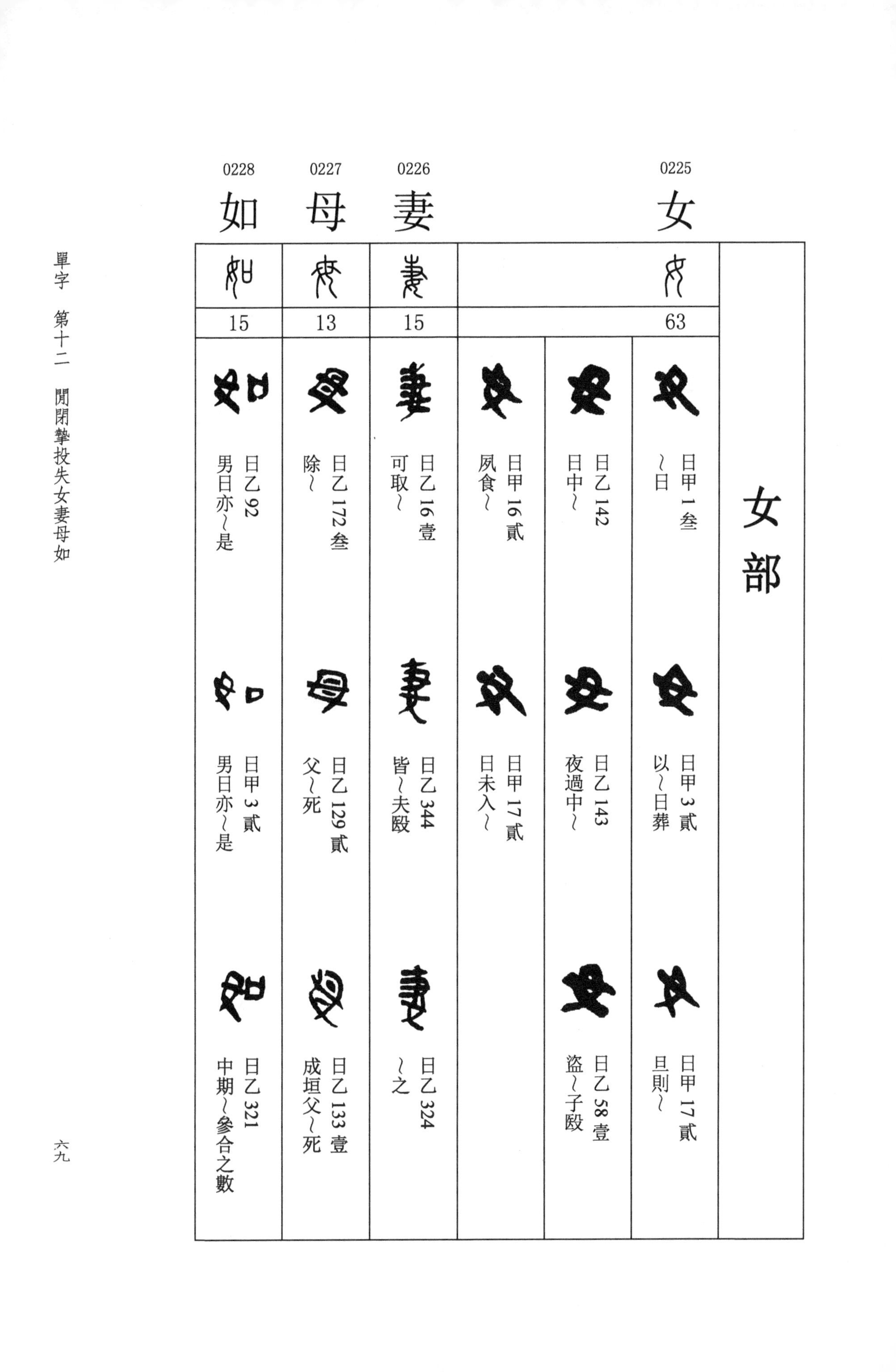

女部

0225 女

63

- 日甲 1 叁　~日
- 日甲 3 貳　以~日葬
- 日甲 17 貳　旦則~
- 日乙 142　日中~
- 日乙 143　夜過中~
- 日乙 58 壹　盜~子毆
- 日甲 16 貳　夙食~
- 日甲 17 貳　日未入~

0226 妻

15

- 日乙 16 壹　可取~
- 日乙 344　皆~夫毆
- 日乙 324　~之

0227 母

13

- 日乙 172 叁　除~
- 日乙 129 貳　父~死
- 日乙 133 壹　成垣父~死

0228 如

15

- 日乙 92　男日亦~是
- 日甲 3 貳　男日亦~是
- 日乙 321　中期~參合之數

毋部

0229 毋

50

日乙96貳 丙丁～南行

日乙97貳 戊己～作土攻

日乙97叁 東～行

日乙98貳 庚辛～西行

日乙208 投中～〈黄〉射

丿部

0230 弗

13

日乙245 ～敬戒

日甲72貳 犬～居

日乙346 ～居軍

乁部

0231 也

2

乙277 斲事～

亾部

0232

亾

亾
71

日乙15壹
逃～不得

日乙60壹
己～

日乙108下叁
六月丁巳死～

日甲18貳
逃～

日甲29貳
壬～

第十三　糸部——男部

糸部

0233 絶

6

日乙283 是謂天～紀毆

日甲24貳 ～天氣

風部

0234 風

13

日乙192 八～

日乙166 一日而～不利雞

日乙166 六月～不利馬

它部

0235 它

2

丹記5 於～而富

二部

0236
二
二
72

日乙 57 貳 ~月	 日乙 158 ~月旱	 日乙 58 叁 十~月
日乙 174 壹 六十~	日乙 2 壹 ~月	 日甲 44 壹 入月~日
日乙 169 伍 三而爲~	日甲 2 壹 ~月	 日甲 54 壹 入月十~日

0237
凡
凡
30

日乙 114 壹 ~乙丁己辛癸	 日乙 132 壹 ~是=
日乙 124 壹 ~黔首行遠役	
 日乙 133 壹 ~是=土禁	

土部

0238
土
土
36

日乙 97 貳 戊己毋作~攻	 日甲 35 糞~中
日乙 140 ~日中子死	
 日乙 77 貳 ~〈水〉生木	

0239

在

58

日乙56壹 其一人～室中

日乙119貳 虛～正西

日乙74壹 ～山谷

日乙260 貞～黃鐘

日乙55壹 疵～上

日乙58壹 ～東方

日乙55壹 盜～西方

日甲37 再～牢圈中

日甲27 ～西南

日甲23 ～室中

日甲22 疵～上

里部

0240

野

10

埜 日甲33 臧～林草茅中

日乙272 外～某殹

田部

0241

田

9

日乙271 其祟～及臯桑炾者

日乙357貳 當没其～

日乙270 可受～宅

0242
當

當

2

日乙76壹　旬月～得

0243
畜

畜

13

日乙22壹　～生

日乙14壹　可以～六生

日甲13　可以～六生

黃部

0244
黃

黃

29

日乙260　貞在～鐘

日乙196壹　色～

日乙261　卜疾人三禺～鐘

男部

0245
男

男

46

日甲1貳　～曰

日甲16貳　生～

日乙57壹　～子毆

日乙55壹　得～子毆

日甲17貳　日入～

第十四　斗部——亥部

斗部

0246 斗

2

日乙165 鄉北～

車部

0247 軍

5

日乙346 ～後徙

日乙346 弗居～

𠂤部

0248 陽

10

日乙260 以視陶～（唐）

日乙359 凡陰～鐘

日乙262 陰～溥氣

0249 陶

4

日乙260 以視～陽

日乙285 皋～所出

0250

除

除

41

日乙5壹 ~未

日甲3壹 ~巳

日甲7 ~酉

日甲14 可以徹言君子~罪

日甲2壹 ~辰

四部

0251

四

四

71

日乙97壹 ~瀘甲乙

日甲56壹 入月十~日

日乙169伍 三而爲~

日乙55貳 入八月~日

日乙95壹 ~瀘庚辛

日乙350 ~【時】

日甲4壹 ~月

五部

0252

五

X

86

日甲5 ~月

日甲22 食者~口

日甲47壹 入月~日

日乙55壹 一于中食者～口

日乙59壹 食者～口

日乙60貳 日十一夜～

日乙120貳 各～凶

日乙166 ～日風不利牛

日乙355 四百～

六部

0253

六

79

日甲6 ～月

日甲13 可以畜～生

日乙56叁 日～夜十

日乙58叁 日～夜十

日乙125壹 此～旬龍日

日乙159 ～月旱

七部

0254

七

71

日甲7 ～月

日乙56貳 日～夜九

日乙58貳 日九夜～

日乙133貳 以～星

九部

0255

九

60

- 日乙58貳 日~夜七
- 日乙163 ~曰州央殹 
- 日乙56貳 日七夜~ 
- 日乙204貳 ~萬八千三百四 
- 日乙168貳 ~月 
- 日甲9 ~月 

内部

0256

禹

12

- 日甲67貳 ~有直五横
- 日乙165 爲~前除道 
- 日甲42貳 ~須臾所以見人日 

甲部

0257

甲

59

- 日乙97壹 四瀆~乙
- 日乙318 ~戌 
- 日乙154 正月~乙雨 
- 日乙81壹 ~辰

乙部

0258

乙

65

日乙 95 貳 甲～毋東行

日乙 97 壹 四灋甲～

日乙 114 壹 凡～丁己辛

日乙 118 壹 ～亥

日乙 132 貳 ～辛戊五丑

日乙 146 壹 ～丑

日乙 146 壹 ～未

日乙 154 正月甲～雨

日乙 106 貳 四月～卯死亡

日乙 204 壹 ～丑

日乙 204 壹 ～未

丙部

0259

丙

55

日乙 124 壹 ～申

日乙 57 壹 ～亡

日乙 316 ～丁

丁部

0260 丁 59 
日乙114壹 凡乙～己辛 
日乙98壹 四灋丙～ 
日乙108下叁 六月～巳死亡 
日甲70貳 ～丑 
日乙316 丙～

戊部

0261 戊 59 
日乙50貳 ～寅 
日乙346 ～己畾
日乙51貳 ～寅

0262 成 41 
日甲1壹 ～戌 
日甲3壹 ～子 
日甲4壹 ～丑 
日甲6 ～卯 
日甲7 ～辰 
日甲10 ～未 
日甲11 ～申 
日甲12 ～酉 
日乙118壹 啻築室而臣不～

己部

0263 己

61

日乙 55 貳　~丑

日乙 97 貳　戊~毋作土攻

日甲 69 貳　~巳

日乙 81 壹　~丑

日甲 27　~亡

日乙 114 壹　凡乙丁~辛癸

日乙 154　~雨

日乙 156　戊~雨

日乙 316　戊~

丹記 1　八年八月~巳

庚部

0264 庚

51

日乙 204 壹　商~辰

日乙 346　~辛晶

日乙 205 壹　~寅

辛部

0265

辛

51

日乙 114 壹　凡乙丁己～癸

日乙 98 貳　庚～毋西行

日乙 131 壹　秋～亥

日乙 204 壹　～巳

日乙 204 壹　～亥

日乙 130 壹　秋～酉

壬部

0266

壬

56

日甲 29　～亡

日乙 317　～戌

日乙 155　～雨

日乙 125 壹　～戌

日乙 316　～戌亥

日乙 204 壹　～寅

日甲 69 貳　～子

癸部

0267

癸

54

日乙 114 壹　凡乙丁己辛～

日乙 155　～雨

日乙 204 壹　～酉

子部

0268

子

149

日甲2壹 收～

日甲3壹 成～

日甲4壹 危～

日乙244 以～爲貞

日甲7 定～

日甲8 平～

日甲22 男～毆

日乙81壹 戊～

日甲43貳 ～旦吉

日乙1壹 開～

日乙8壹 平～

日乙56壹 女～毆

日乙58壹 盜女～毆

日甲6 摯～

日甲24壹 男～毆

日甲25貳 女～

0269

存

1

日乙299 □□辰爲～

丑部

0270
丑
95

日乙55貳 己～
日甲2壹 開～
日甲6 彼～

日甲7 摯～
日甲8 定～
日甲55貳 ～旦有言

日乙1壹 閉～
日乙8壹 定～
日甲1叁 申～

日乙146壹 乙～
日乙204壹 乙～

寅部

0271
寅
85

日甲1貳 卯～
日甲2壹 閉～
日甲6 危～

日甲7 彼～

卯部

0272

卯

76

日甲1貳 ~寅

日甲4壹 開~

日甲8 彼~

日乙95壹 杓~

日乙132壹 巳~丑申

辰部

0273

辰

115

日甲3壹 建~

日甲2壹 除~

日甲4壹 閉~

日甲6 收~

日甲8 危~

日乙3壹 建~

巳部

0274

巳

109

日甲1壹 平~

日甲1貳 寅~

日甲2壹 盈~

0275

㠯

154

日甲4壹　建～

日甲6　開～

日甲9　危～

日甲59貳　～旦不聽

日乙2壹　盈～

日乙3壹　除～

日乙97壹　秋三月啻爲室～

日乙108下叁　六月丁～死亡

日乙204壹　辛～

丹記1　八年八月己～

日乙60壹　其一人～（已）死矣

以　日甲13　可～祝祠

日甲13　可～畜六生

日甲16壹　可～入黔首

日甲19壹　毋可～

日乙108下壹　小者～死

日乙133貳　～七星

日乙244　～寘三

日乙244　～子爲貞

午部

0276

午

87

日甲1壹 定～

日甲8 收～

日甲6 閉～

日甲7 開～

日甲11 彼～

日乙204壹 甲～

日乙3壹 盈～

日乙96壹 杓～

日乙97叁 ～西見言

日乙114壹 ～未申亥

日乙132壹 巳卯丑申～辰

日甲2壹 平～

未部

0277

未

102

日甲11 危～

日乙96壹 殺～

日甲17貳 日～入

日乙4壹 盈～

日乙114壹 午～申亥

日甲2壹 定～

未：日乙204壹 乙～

0278 申（說文小篆 98）

申部

日甲1壹 彼～
日甲8 閉～ 
日甲12 危～ 
日乙3壹 定～ 
日乙4壹 平～ 
日乙114壹 午未～亥 
日乙132壹 巳卯丑～ 

0279 酉（說文小篆 84）

酉部

日乙133壹 ～子辰未
日乙81壹 丁～ 
日乙3壹 摯～ 
日甲10 開～ 
日乙97壹 杓～ 
日甲11 收～

戌部

0280

戌

88

- 日甲1壹 成～
- 日甲3壹 彼～ 
- 日甲6 平～ 
- 日甲7 盈～ 
- 日甲10 閉～ 
- 日甲12 收～ 
- 日乙3壹 彼～ 
- 日乙101叁 ～西北見兵 
- 日乙118貳 ～亥虛 
- 日乙125壹 壬～ 
- 日乙204壹 庚～ 

亥部

0281

亥

97

- 日甲5 摯～
- 日甲6 定～ 
- 日甲4壹 彼～

日甲7
平～

日甲3壹
危～

日甲11
閉～

日乙95壹
啻以春三月爲室～

日乙118壹
乙～

日乙204壹
辛～

筆畫序檢字表

一　本檢字表，供檢索《放馬灘秦簡字形譜》正文單字的所有字頭和字頭下的俗寫異體用，由此可檢閱到相關字頭下的全部内容。

二　表中被檢字首先按筆畫排列，筆畫相同的字再按筆順（一、丨、丿、丶、乙）之序排列。

三　每一字頭之後是該字在字形譜中的字頭序號——四位阿拉伯數字或四位阿拉伯數字加「重」。例如：「甲　0257」表示「甲」的字頭序號爲「0257」。

四　鑒於有些字頭和字頭下的俗寫異體較爲生僻，爲便於檢索，本檢字表專門列出了與這些生僻字所對應的通行體，即通過檢索某一生僻字所對應的通行體，也可檢索到該生僻字。具體詳《凡例》第十四條。

十九畫

《説文》序檢字表

一　本檢字表，供檢索《放馬灘秦簡字形譜》正文單字的所有字頭和字頭下的俗寫異體用，由此可檢閲到相關字頭下的全部内容。

二　表中被檢字見於《説文》者，按大徐本《説文》字序排列，分别部居；未見於《説文》者，按偏旁部首附於相應各部後。

三　每一字頭之後是該字在字形譜中的字頭序號——四位阿拉伯數字或四位阿拉伯數字加「重」。例如：「甲　0257」表示「甲」的字頭序號爲「0257」。

及 0066
取 0067
史部
事 0068
支部
支 0069
聿部
晝 0070
殳部
殳 0071
毆 0072
攴部
啟 0073
故 0074
政 0075
收 0076
攻 0077

卜部
卜 0078
卦 0079
貞 0080
占 0081
目部
目 0082
白部
皆 0083
者 0084
百 0085
羊部
羊 0086
鳥部
雗 0087重
𠬪部
𣪘 0088重

敢 0088重
死部
死 0089
肉部
肉 0090
刀部
利 0091
則 0092
箕部
其 0093重
工部
式 0094
巫部
巫 0095
甘部
甚 0096
曰部

曰 0097
乃部
乃 0098
可部
可 0099
亏部
亏 0100
于 0100
平 0101
喜部
喜 0102
皿部
益 0103
盈 0104
去部
去 0105
丶部

主 0106
丹部
丹 0107
青部
青 0108
井部
井 0109
食部
食 0110
亼部
合 0111
今 0112
舍 0113
入部
入 0114
矢部
矢 0115

冂部
央 0116
㐭部
䆜 0117重
麥部
麥 0118
夊部
夊 0119
木部
木 0120
某 0121
築 0122
杓 0123
東部
東 0124
林部
林 0125

分譜之三

周家臺秦簡字形譜

説明

一　本字形譜所收之字源自中華書局二〇〇一年出版的《關沮秦漢墓簡牘》一書中《周家臺三〇號秦墓簡牘》，含木牘一枚，竹簡三百八十一枚（包括殘簡）。

二　字頭共有單字四百三十五個，合文三個。

三　辭例所標出處悉依《關沮秦漢墓簡牘》，數字表示簡號，例如：「314」表示《周家臺三〇號秦墓簡牘》第314號竹簡，「137貳」表示第137號竹簡第貳欄。

單字

第一　一部——茻部

一部

0001 一

一

24

314 取～匕

133 叁 直～者

321 四分升～

133 叁 ～日

315 灰～升

342 ～升

137 貳 十～日

0002 重 弌

弌

1

367 日中～

0003 天

天

1

345 某馬心～（瘨）

上部

0004 重　上

上　8

- 47　癸未奏~
- 328　置牛~
- 50　北~渧
- 321　~槖莫以丸礜

0005　旁

旁　1

- 354　取户~腏黍

0006 重　下

下　21

- 351　到囷~
- 328　止~
- 312　~氣
- 340　令可~免

示部

0007　祠

祠　2

- 347　人皆~泰父
- 347　我獨~

0008
祝

6

348 ～曰

345 ～曰

338 ～曰

330 ～曰

0009
禱

2

352 歲歸其～

三部

0010
三

25

345 禹步～

136 叁 ～日

332 ～步

350 禹步～

147 壹 ～月

348 ～臌

312 ～指竄

143 貳 是謂～

324 ～斗

玉部

0011
環
環 2 
329 復～

丨部

0012
中
中 19 
313 淳酒～ 
193 人～子也 
133 叁 直周～ 
316 灰～ 
309 鬻～ 
312 鬻～ 
346 鼻～ 
372 置晉斧～ 
367 日～

艸部

0013
葢
葢 2 
328 乃以所操瓦～之

0014 若	0015 蒽	0016 草		0017 莫
[篆]	[篆]	[篆]	艸部	[篆]
8	1	1		2
333 ～毋見風雨 312 入酒～鬻中 330 ～叔了	316 多食～	312 取車前～實		245 ～食

第二　小部——足部

小部

0018 小

24

70 丙戌～

317 ～大如黑了

133叁 ～勶

136叁 ～勶

90 丙午～

88 丁未～

315 ～指

315 ～弱者

74 三月～

0019 少

4

313 ～半升

369 用水多～

221 占病者～可

八部

0020 八

10

135叁 十～

138貳 廿～日

77 ～月

1 ～月

0021 分

3

211 所言者～楬事也

321 四～升一

0022 公

2

297 壹 上～

49 曹從～

0023 必

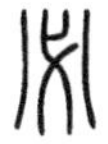

2

219 ～後失之

半部

0024 半

7

313 少～升

218 占物白黑～

208 占物白黑～

212 占物白黑～

204 占物白黑～

牛部

0025 牛			0026 牡	0027 牝	0028 物	
11			1	1	28	
309 肥～膽	348 ～胙	365 ～止司命	368 牝～	368 ～牡	210 占～雜白	230 占～黃白
317 ～肉	328 置～上				188 占～黃白	206 占～白
347 ～胙	327 驪～				208 占～白黑半	222 占～黃白

告部

0029 告

16

247 ～聽之

250 ～聽之

249 有～聽

248 有～聽

326 敢～東陳垣君子

口部

0030 名

2

350 即～富者

350 富者～

0031 君

1

326 ～子

0032 命

4

251 請～

365 司～在庭

0033 問

1

235 ～獄訟

0034 咸

- 咸　1
- 337 ～戠

0035 吉

- 吉　41
- 229 占獄訟不～
- 228 市旅不～
- 188 不～
- 230 市旅不～
- 142貳 女～
- 187 獄訟不～

0036 周

- 周　7
- 133叁 直～中
- 133叁 直～者
- 262 直～

0037 各

- 各　2
- 369 ～二七
- 377 ～盡其復

吅部

0038 單

- 單　1
- 313 令人不～（憚）病

止部

0042 歲	0041 步				0040 疌	0039 止	
7	17			步部	5	4	
299 壹 主～=	327 禹～	326 禹～	332 三～		327 前～見地瓦	329 垣～（址）下	365 ～司命在庭
297 壹 陽主～		345 禹～	332 禹～		312 取車～草實		330 垣～（址）
302 壹 冢主～		326 三～	350 禹～				328 ～（址）下

此部

0043 此

此

10

225 ～（觜）巂

225 斗乘～（觜）巂

244 今～十二月

244 ～直引也

244 ～正月

正部

0044 正

正

5

244 ～月

143壹 ～月

313 ～月

是部

0045 是

是

1

143貳 ～謂三

辵部

0046	0047	0048	0049	0050	0051
過	造	遇	追	逐	迣
2	1	4	27	27	5

0046 過 (2)

- 347 ～街

0047 造 (1)

- 253 有～

0048 遇 (4)

- 251 ～怒
- 248 ～怒
- 252 ～怒

0049 追 (27)

- 207 ～亡人
- 191 ～亡人
- 187 ～亡人
- 189 ～亡人
- 227 ～亡人
- 209 ～亡人

0050 逐 (27)

- 209 ～盜
- 207 ～【盜】
- 227 ～盜
- 187 ～盜
- 189 ～盜
- 191 ～盜

0051 迣 (5)

- 53 辛卯宿～羅涌西
- 54 壬辰宿～離涌東

0052	0053	0054		0055	0056	0057	
遠	道	邊		復	後	得	
1	2	1		12	12	40	
139貳 ～行	260 所～入者	139貳 絶～競	彳部	199 得而～	219 必～失之	199 ～而復	207 弗～
				247 ～好見之	255 有～言	191 ～之	190 不～
				246 令～見之	211 有～言語	249 不～言	363 不～須良日

0058 御 1

241 宦～若行者也

廴部

0059 廷 2

243 ～子

行部

0060 行 40

232 占～者不發

363 西～越金

347 即～擇

187 占～者未發

189 所言者～事也

0061 術 1

术 243 求斗～曰

0062 街 1

347 過～

齒部

0063
齒 
2 
326 某病齲～

足部

0064
足 
2 
310 ～以入之腸 
337 左～

第三　句部——用部

句部

0065 笱

笱（小篆）

6

352 ～（苟）如

326 ～（苟）令某齲已

332 ～（苟）能令某齲已

十部

0066 十

十（小篆）

31

135叁 ～二日

137貳 ～七日

137貳 ～一

135叁 ～八日

137貳 ～日

137貳 ～六日

134叁 ～三日

0067 廿

廿（小篆）

13

138貳 ～七日

138貳 ～八日

137貳 ～一日

136叁 ～六日

134叁 ～五日

卅部

0068 卅

卅
4
 卅 297壹 ～六年
 264 ～日
 136叁 ～日小勶

言部

0069 言

言			
47			
 219 所～者凶事也	207 所～者虛故事	229 所～者家室	
 201 所～者末事急事也	 211 所～者分楬事也	 248 有美～	
189 所～者行事也	249 不得～		

0070 語

語
2
 255 得～

字號	字頭	數量	出處
0071	謂	4	132 叁 此所~戎；328 所~牛者
0072	請	12	217 ~謁；231 ~謁；229 ~謁；203 ~謁；251 ~謁；251 ~命；189 ~謁
0073	謁	8	229 請~；217 請~；231 請~；189 請~；250 請~；251 請~；203 請~
0074	許	2	251 請命~

0075 説

7

249 ～（悦）

254 ～（悦）

253 ～（悦）

250 ～（悦）

0076 訟

29

187 獄～

201 獄～

231 獄～

189 獄～

207 獄～

229 獄～

231 獄～

誩部

0077 重 善

5

373 ～食之

199 ～事成

213 ～事也

0078 競

17

24 治～（竟）陵

22 治～（竟）陵

26 治～（竟）陵

収部

0079 兵

1

297 壹 ～死

異部

0080 異

1

350 臣非～也

舁部

0081 與

2

352 ～腏以并涂囷廥下

晨部

0082 農

9

347 先～以臘日

350 ～夫事也

352 ～夫筍

䰜部

0083 鬻

3

鬻 374 并參煴～（煮）

324 而三温～（煮）之

爪部

0084 爲

23

244 皆～平

143貳 不利有～毆

302壹 冢主歲=～上

又部

0085 右

2

244 宿～行

0086 父

2

349 先泰～食

347 人皆祠泰～

0087 及

3

265 ～戰斲皆可

333 ～毋與人言

0088 叔 5

309 盛黑～（菽）中

329 以～（菽）七

330 予若～（菽）了

0089 取 18

317 ～牛肉剶之

313 ～桃棗矢

314 ～一匕以殽沐

315 ～槀本小弱者

316 ～櫌桑木

327 垣瓦貍東陳垣～

309 ～十餘叔

312 ～車前草實

315 ～東灰一升

史部

0090 史 6

28 乙丑～但轂

366 北斗長～

48 甲申～斲行

0091 事 40

219 所言者凶～也

193 所言者家室～

350 農夫～也

235 所言者家室故～也

209 所言者危行～也

253 百～不成

（事，續）
189 所言者行～也
205 所言者憂病～也
187 所言者急～也

畫部

0092 畫　3
134 叁 ～者
132 叁 ～當

臣部

0093 臣　1
350 ～非異也

殳部

0094 毄　3
244 ～（繫）行

0095 毆　3
369 次～（也）
143 貳 不利有爲～（也）

0096 殺 2

- 314 以～沐
- 354 以～穜=

攴部

0097 故 3

- 207 所言者虛～事
- 235 ～事
- 353 以臘日塞禱如～

0098 數 6

- 數 243 ～東方
- 263 ～朔日以到六日
- 132叁 從朔日始～

0099 變 1

- 237 所言者～治事也

0100 攻 1

- 139貳 ～毄

卜部

0101 占 225

- 217 ～逐盜
- 191 ～逐盜
- 191 ～病者

191 ~約結

187 ~來者

187 ~病者

145貳 產子~

217 ~【約】結者

187 ~行者

191 ~獄訟

用部

0102

用

2

309 ~之

369 ~水多少

第四　目部——角部

目部

0103 目

1

368 ～毋辟胡者

0104 相

2

191 ～抵亂也

223 急～鄣事也

0105 暮

1

368 ～=（暯暯）者

自部

0106 自

3

236 占市旅者～當

200 ～當

210 占市旅者～當

白部

0107 皆

4

- 347 人～祠泰父
- 244 ～爲平
- 350 與～出穜

0108 者

133

- 329 税去黑～
- 189 所言～行事也
- 229 所言～家室
- 315 取稾本小弱～
- 337 病心～
- 134 叁 畫～
- 187 占病～已
- 146 貳 東首～貴
- 328 所謂牛～頭虫也
- 151 貳 北首～北
- 187 占來～
- 187 占行～未發

0109 𥏼

2

- 337 不～（知）

0110 百

1

- 253 ～事不成

鼻部	0111 鼻	隹部	0112 巂	羊部	0113 美	鳥部	0114 重 𪄳
	1		2		3		1
	346 ～中		225 此～		247 有～言		𪄳 204 發而～
					247 有～言		
					248 有～言		

華部

0115
畢
畢
2
223 ～斗乘畢

予部

0116
予
予
1
330 ～若叔了

𠬪部

0117 重
𣪠
𣪠
3
敢 326 ～告東陳垣君子

死部

0118
死
死
4
204 占病者～
297 壹 兵～
232 病者～

	224 不～

肉部

編號	字頭	數量	出處
0119	肉	1	317 取牛～剝之
0120	胃	4	147 壹 三月～；219 ～斗乘胃；219 胃斗乘～
0121	腸	3	310 鬻足以入之～
0122	腹	2	368 ～毋辟
0123	胙	2	347 牛～；348 牛～
0124	胡	1	133 目毋辟～者

字號	字頭	字數	出處及辭例
0125	脩	2	368 ～（滫）清
0126	腏	2	⿱叕月 348 三～（餟）
0127	肥	2	373 ～牛；309 ～牛膽

刀部

字號	字頭	字數	出處及辭例
0128	利	8	368 今日庚午～浴；143貳 不～有爲毆；219 占得～貨財；220 占市旅者細～；139貳 ～以遠行；141貳 ～以行作
0129	剶	1	317 ～（劙）之

角部

0130 角	0131 解	0132 觿
4	8	2
187 角斗乘～	191 占獄訟不～	150 壹此～（巂）
187 ～斗乘角	207 占獄訟～	
	241 占獄訟～	
	231 占獄訟不～	
	227 獄訟～	

第五 箕部——角部

箕部

0133 箕

4

199 ～斗乘箕

199 箕斗乘～

0134重 其

16

346 以靡～鼻中

346 而寅～土

綫圖（4）297叁 ～下有白衣

352 歲歸～禱

左部

0135 左

8

243 ～行

341 ～操杯

263 ～之

344 ～手

58 午并～曹

曰部

0136 曰

19

- 326 禹步三步～
- 332 禹步三步～
- 347 言～
- 350 出穜所～
- 350 即名富者名～
- 348 祝～
- 345 鄉馬祝～
- 338 祝～

乃部

0137 乃

3

- 327 ～禹步
- 369 十五日～

可部

0138 可

6

- 221 占病者少～
- 212 [少]～
- 331 以米亦～

340 令～下免

265 皆～

363 毋須良日～也

亏部

0139
平
10 

24 辛酉嘉～

243 東方～旦以雜之

243 ～旦而左行

57 宿尋～

壴部

0140
嘉
2 

24 辛酉～平

皿部

0141
盛
3 

309 取肥牛膽～黑叔中

341 一杯～米

0142 益

2

310 復～歙之

去部

0143 去

6

13 ～左曹

329 稅～黑者

315 ～黑子方

364 乙未～宛

血部

0144 血

2

316 令～欲出

319 令欲出～

丶部

0145 主

4

297 壹～歲=

302 壹～歲=

青部

0146 青

9	
192 占物～黄	240 占物～黄
190 占物～赤	234 占物～赤
214 占物～黑	236 占物～黄

井部

0147 井

5
229 斗乘東～
340 汲～
2 宿～韓鄉

皀部

0148 即

24	
243 ～斗所乘也	321 ～發
347 ～行捧	319 ～以并傳
350 ～名富者名	314 ～沐

食部

0149 食

食 12

245 莫～

373 善～之

316 因多～葱

349 先泰父～

0150 餔

餔 2

367 ～時浚兒

亼部

0151 合

合 20

188 戰斲不～

198 占戰斲勝不～

224 占戰斲勝之不～

222 戰斲怒不～

208 戰斲不～

190 占戰斲不～

202 戰斲不～

228 戰斲不～

0152 今 2

- 244 ~此十二月子日
- 368 ~日庚午

0153 舍 1

- 349 ~

入部

0154 入 14

- 312 ~酒若醬中
- 310 醬足以~之腸
- 135叁 ~月二日
- 136叁 ~月三日
- 134叁 ~月一日

缶部

0155 罋 2

- 甕 341 下免繘~

矢部

0156 矢

3

313 桃橐～（屎）

324 以羊～（屎）三斗

321 大如扁蝠～（屎）

高部

0157 高

3

345 ～山

冂部

0158 市

30

228 ～旅不吉

224 占～旅吉

208 占～旅者不吉

230 ～旅不吉

210 占～旅者自當

206 占～旅不吉

190 占～旅不吉

347 ～酒

192 占～旅不吉

202 占～旅不吉

畗部

0159

良

2

- 363 不得須~日
- 363 毋須~日 

來部

0160

來

27

- 187 占~者
- 242 占~者 
- 190 占~者不至 
- 208 占~者 
- 228 占~者 
- 206 占來者未~ 
- 230 ~者 

夊部

0161

憂

4

- 191 所言者~病事也
- 220 有~ 
- 233 所言者~病事也

所言者~病事也 205

弟部

0162 弟

1

多昆~ 193

桀部

0163 乘

16

角斗~角 187

斗~箕 199

斗~亢 189

第六　木部——邑部

木部

字頭	字數	例
0164 木	4	316 取檽桑～；302壹 置居～；363 東行越～
0165 柳	2	154壹 六月～
0166 某	19	350 ～不能；345 ～馬心天；326 笱令～齲已；332 ～病齒齲；326 ～病齲齒；348 ～以壺露
0167 樹	1	195 ～賞賜事也
0168 本	2	315 取槀～小弱者；315 沬槀～

0169
末
1

201 所言者~事急事也

0170
櫌
1

316 多取~桑木

0171
栝
10

368—369 以脩清一~

杯 338 操~米

342 前置~水女子前

344 以左手擒~水

0172
楬
1

211 所言者分~事也

東部

0173
東
23

146 貳 ~首者貴

144 壹 ~辟

326 敢告~陳垣君子

326 見~陳垣

243 ~方平旦

315 ~（冬）灰

之部

0174

之

81

132叁 從朔日始數～

328 乃以所操瓦蓋～

322 歓～

315 取東灰一升漬～

316 以靡～

317 炙～炭火

338 操杯米～池

317 取牛肉剝～

313 歓～

328 貍～

351 農夫使其徒來代～

出部

0175

出

12

367 日～俊

316 令汗～

350 與皆～種

329 之東西垣日～所燭

316 令血欲～

𣎵部

0176 南

12

- 363 ~行越火
- 147貳 ~首者富 
- 337 即令病心者~首卧 
- 綫圖（1）156 ~ 

生部

0177 生

1

- 344 疾~

0178 產

2

- 145貳 ~子占

橐部

0179 橐

2

- 313 桃~（蠹）

口部

0180 困

5

351 即言～下曰

351 到～下

0181 因

1

316 ～多食葱

0182 囚

1

綫圖（4）299 壹 籔～

貝部

0183 財

2

225 所言者錢～事也

219 占得利貨～

0184 貨

1

219 占得利～財

0185 賞

1

195 ～賜

0186 賜
2
195 賞～

0187 買
1
347 令女子之市～牛胙

0188 貴
1
146 貳 東首者～

邑部

0189 邑
3
55 宿區～
349 令某禾多一～

0190 竆
7
竆 143 貳 凡～日
134 叁 畫者～
138 貳 廿九日～日
⿱穴郡 223 急相～事也

第七　日部——白部

日部

0191

日

日

75

134叁 入月一～

137貳 十～

136叁 廿六～

137貳 十一～

137貳 十七～

347 臘～

132叁 朔～

136叁 卅～

137貳 十六～

136叁 入月三～

132叁 此所謂戎磿～毀

137貳 十五～

329 ～出

367 ～中

0192

時

時

12

367 餔～浚兒

綫圖（1）166 夕～

243 得其～宿

綫圖（1）163 餔～

0193 晉

晉

2

372 置～（煎）斧中

0194 昏

昏

2

昬 綫圖（1）170 黄～

0195 昆

昆

1

193 多～弟

旦部

0196 旦

旦

6

244 平～

243 平～

243 平～

倝部

0197 𦩍

𦩍

1

朝 245 ～莫食

㫃部

0198 旅

27

230 市～

210 市～

228 市～

238 市～

206 市～

216 市～

224 市～

218 市～

208 市～

190 市～

晶部

0199 重 星

3

366 明～

131 貳七～

0200 重 參

2

151 壹～

月部

0201 月

70

- 87 五～
- 147壹 三～
- 136叁 入～三日
- 154壹 六～
- 373 一～
- 1 八～
- 75 四～大
- 85 三～
- 1 四～
- 138壹 十一～
- 263 入～
- 313 正～
- 244 此正～平旦

0202 朔

4

- 132叁 從～日始
- 263 ～日

0203 期

2

- 223 以～約結者

有部

0204

有

58

- 189 門～客
- 143貳 不利～爲毆 
- 239 門～客 
- 187 門～客 
- 247 ～美言 
- 203 門～客 
- 250 ～怒 
- 252 ～告 
- 綫圖（4）299叁 其下～早 
- 綫圖（4）302叁 其下～水
- 220 ～憂 
- 201 門～客 
- 229 門～客 
- 綫圖（4）297叁 其下～白衣之冣 
- 248 ～怒
- 327 見垣～瓦 

朙部

0205 朙	夕部	0206 夕		0207 夜	多部	0208 多	
2		5		4		5	
明 349 到~出穜		綫圖（1）166 ~時	364 己丑~到宛	綫圖（1）174 ~半		316 因~食葱	369 用水~少
		245 日~時		綫圖（1）173 ~三分之一		193 ~昆弟	
		367 ~市時發				349 令某禾~一邑	

禾部

0209 禾 3

349 令某～多一邑

354 褱臧到種～時

354 令～毋闌

0210 種 3

350 與皆出～（種）

0211 稾 2

315 沐～（藁）本東

0212 稅 1

329 ～（脫）去黑者

黍部

0213 黍 1

354 取户旁腏～

米部

0214 米

11

- 331 女子以～二七
- 331 男子[以]～七
- 331 以～亦可
- 97 魚～四斗
- 338 投～
- 338 操杯～之池
- 343 投～地
- 343 祝投～曰

0215 氣

1

- 312 下～

凶部

0216 凶

3

- 217 ～事成
- 219 所言者～事也
- 203 ～事成

宀部

0217 家

3

- 229 ～室
- 235 ～室
- 193 所言者～室事

編號	字頭	出現次數	例
0218	室	4	 193 所言者家～事；235 家～；229 家～
0219	宛	2	 364 乙未去～
0220	富	2	 147貳 南首者～
0221	實	2	 312 取車前草～
0222	宦	1	 241 ～御若行者也
0223	宿	24	 12 ～黃郵；2 ～井韓鄉；243 得其時～；244 ～右行
0224	客	24	 189 門有～；231 門有～；207 門有～

字號	字頭	篆文	字數	字例
（續）				219 門有～；211 門有～；239 門有～
（續）				225 門有～；209 門有～
0225	害	㝮	1	207 不～

穴部

字號	字頭	篆文	字數	字例
0226	穿	穿	1	371 鼠弗～

疒部

字號	字頭	篆文	字數	字例
0227	疾	疾	4	綫圖（4）298 叁 首疢～；337 心～不智
0228	病	病	37	207 占～者；241 占～者；218 占～者

326 某～齲齒

227 占～者

187 占～者

191 占～者

313 不單～

209 占～者

0229 瘧

2

376 令=某=～=

0230 疢

1

298 叁 ～疾

0231 瘳

1

239—240 占病者有～

冂部

0232 兩

2

336 即～手

329 操～瓦

网部

0233

置

12

372 ～晉斧中涂而燔之

328 ～牛上

328 ～垣瓦下

巾部

0234

席

2

335 人～之

0235

布

2

311 淳酒漬～

白部

0236

白

17

206 占物～

242 占物黃～

222 占物黃～

204 占物～黑半

230 占物黃～

188 占物黃～

210 占物雜～

第八　人部——次部

人部

0237 人

人 41

231 追亡～

233 追亡～

227 追亡～

201 追亡～

193 ～中子也

193 追亡～

207 追亡～

199 追亡～

187 追亡～

189 追亡～

191 追亡～

347 ～皆祠泰父

321 ～所恒炊者

0238 俊

俊 1

367 日出～

編號	字頭	字數	例句
0239	傳	3	319 即以并~；318 以~黑子
0240	侍	1	351 先~（持）豚
0241	代	1	351 農夫使其徒來~之
0242	係	1	309 盛之而~（繫）
0243	但	1	28 史~觳

匕部

編號	字頭	字數	例句
0244	匕	1	314 取一~以殽沐

从部

0245 從

8

262 ~朔日始

132叁 ~朔日始

357 ~南方入

0246 并

7

319 即以~傳

352 ~涂困膾下

369 ~之

58 甲午~左曹

北部

0247 北

12

151貳 北首者~

361 求西~方

376 ~鄉

362 求~方

363 ~行越水

151貳 ~首者北

丘部

0248 虛

11

207 所言者～故事

260 以孤～循求盜

357 子丑爲～

355 辰巳爲～

衣部

0249 雜

3

243 平旦以～之

220 占物～

210 占物～白

0250 褭

1

354 ～臧到穜禾時

裘部

0251 求 重

9

362 ～北方

361 ～西方

243 ～斗朮曰

361 ～南方

老部

0252 壽

1
148貳 西首者～

尾部

0253 尾

2
136壹 ～

方部

0254 方

17		
362 東～	332 己鷸～	361 求南～
361 求西～	326 己鷸～	
243 東～平旦	315 去黑子～	

皃部

0255 皃

1

367 餔時浚～

先部

0256 先

8

329 ～貍一瓦垣

349 ～農笱

351 ～侍豚

347 ～農

見部

0257 見

11

332 ～車

326 ～東陳垣

246 令復～之

247 復好～之

333 毋～風雨

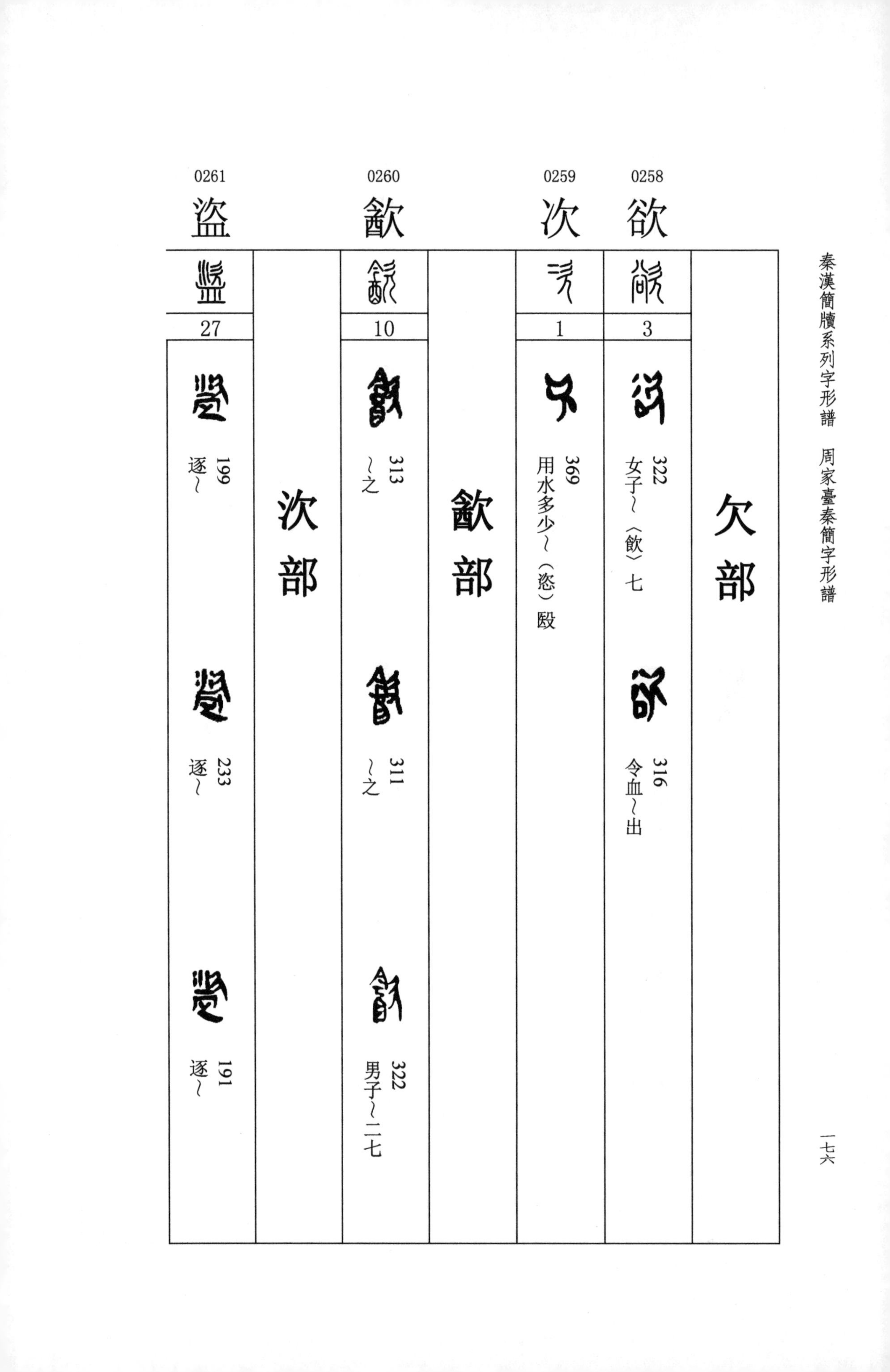

欠部

0258 欲 3

- 322 女子～〈飲〉七
- 316 令血～出

0259 次 1

- 369 用水多少～（恣）殹

㱃部

0260 㱃 10

- 313 ～之
- 311 ～之
- 322 男子～二七

次部

0261 盜 27

- 199 逐～
- 233 逐～
- 191 逐～

211 逐～	187 逐～
215 逐～	209 逐～
189 逐～	223 逐～

第九　頁部——豸部

頁部

0262 顛

篆文	數量	字形
顛	1	374 ～首

首部

0263 首

篆文	數量	字形
首	8	148貳 西～者壽；151貳 北～者北；146貳 東～者貴

須部

0264 須

篆文	數量	字形
須	2	363 不得～良日

卩部

0265 令

篆	數	字形	出處
令	26		354 ~禾毋闐
			246 ~復見之
			317 令温勿~焦
			316 ~汗出
			349 ~某禾多
			326 ~某齲已
			317 ~温勿令焦
			337 即~病心者
			347 ~女子之市
			316 ~血欲出

辟部

0266 辟

篆	數	出處
辟	6	144 壹 東~（壁）
		368 毋~（避）男女牝牡
		368 目毋~（避）胡者

勹部

0267 旬

篆	數	出處
旬	12	362 甲寅~
		361 甲申~
		361 甲午~

鬼部

0268 鬼

鬼	3

231 乘輿～

綫圖（1）160 輿～

山部

0269 山

山	2

345 高～高郭

335 敢告泰＝～＝

广部

0270 府

府	1

35 辛未治後～

危部

0271 危

危	4

209 所言者～行事也

142 壹～

石部

0272 礐

2

321 上橐莫以丸～

0273 磿

1

磨 132叁 此所謂戎～日殴

0274 礬

1

369 ～（皦）赤叔各二七

長部

0275 長

3

366 北斗～史

314 ～髮

勿部

0276 勿

2

317 令温～令焦

378 ～令迣

而部

0277

而

23

199 得~復

243 平旦~左行

373 ~歙以銤

372 涂~燔之

363 有行~急

321 大如扁蝠矢~乾之

204 發~難

365 齊~牛止司命在庭

377 ~食以丹

317 ~取牛肉劙之

317 ~炙之炭火

330 ~徹之齲已

337 心疾不智~咸

豚部

0278 重

豚

2

胥 352 即斬~耳

0279

貍

豸部	貍
	2
	貍
	328 堅～（埋）之

第十　馬部——心部

馬部

0280 馬　4

345 某～心天

345 鄉～祝曰

0281 篤　10

230 病者～

191 占病者～

209 占病者～

犬部

0282 狗　1

314 取新乳～子

犾部

0283 獄　29

229 占～訟不吉

201 ～訟

229 占～訟

能部

0284 能

2

- 332 笱～令某齲已

火部

0285 火

6

- 317 炭～
- 綫圖（1）158 ～
- 363 南行越～
- 綫圖（4）299 壹 置居～
- 259 丁～

0286 炭

2

- 317 炙之～火
- 317 ～火

0287 灰

3

- 375 取東～一斗
- 315—316 東～中
- 315 取東～一升

0288 重 焦

1

- 317 令温勿令～

0289 熅

1

374 并參～（温）

黑部

0290 黑

11

318 傅～子

218 占物白～半

317 小大如～了

315 去～子方

329 稅去～者

214 占物青～

232 占物赤～

炙部

0291 炙

1

317 ～之炭火

赤部

0292

赤

8

232 占物～黑

216 占物黃～

234 占物青～

190 占物青～

336 ～隗獨指

大部

0293

大

30

315 齊約～如小指

317 小～如黑了

372 取～白礜

87 丁丑～

139貳 凡～衡之日

77 六月～

綫圖（4）300叁 其下有～敗

89 丙子～

321 ～如扁蝠矢

91 乙亥～

0294

奎

2

145壹 二月～

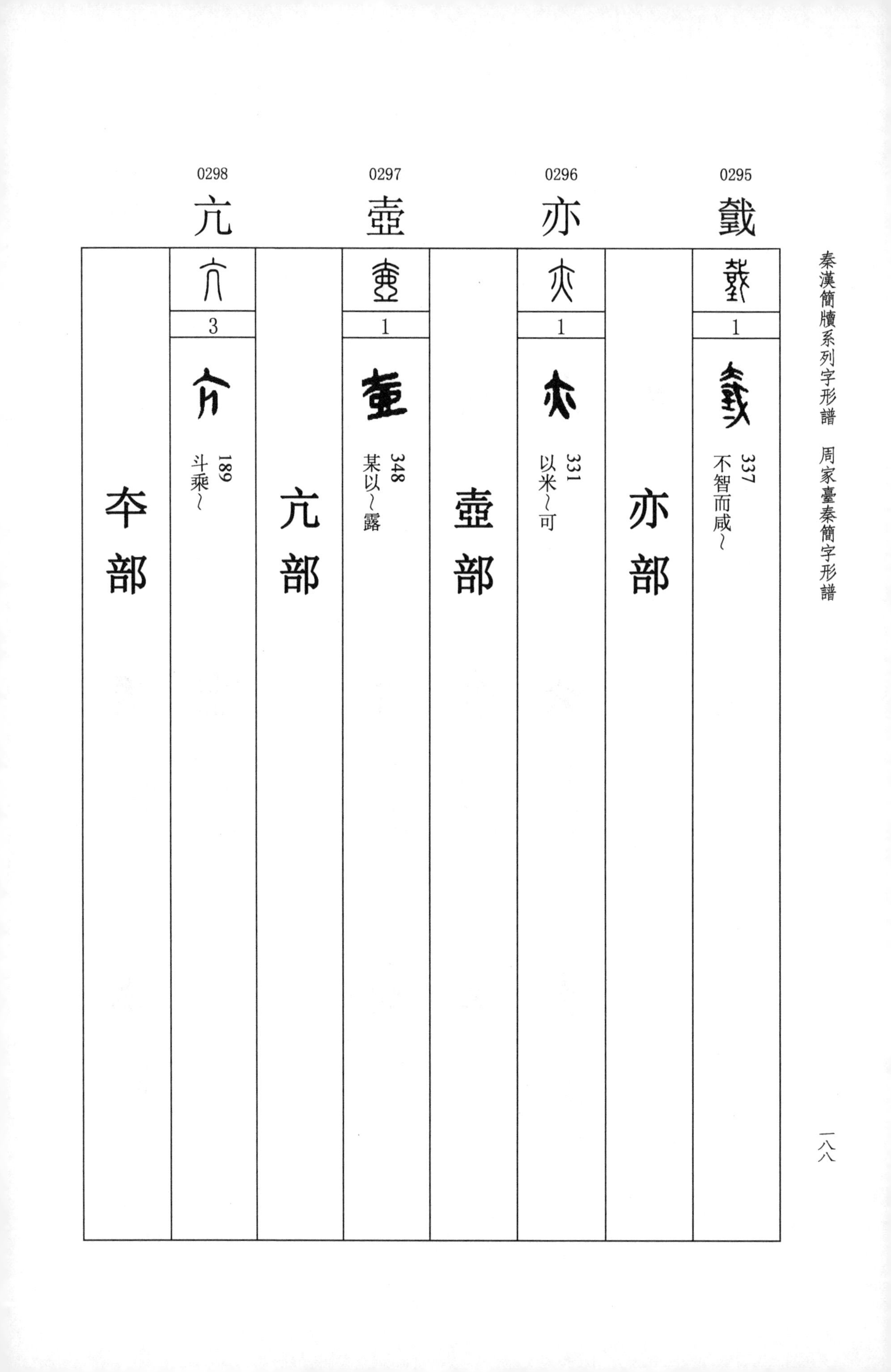

0295 戴

1

337 不智而戚～

亦部

0296 亦

1

331 以米～可

壺部

0297 壺

1

348 某以～露

亢部

0298 亢

3

189 斗乘～

夲部

0299
皋
4

326 ~敢告

338 ~敢告

夫部

0300
夫
4

352 農~畜

350 農~事也

352 農~

351 農~

心部

0301
心
8

337 ~疾不智

345 馬~禹步三

345 某馬~天

336 某叚~疾

0302
急
7

363 有行而~

201 末事~事也

199 所言者~

227 所言者～事也

0303

怒

8

246 ～言

248 遇～

248 有～

250 有～

222 占戰斲～

251 有告遇～

252 有告遇～

249 有得～

0304

惡

7

248 有～言

254 有～言

253 有造～

256 遇～

221 所言者～事也

第十一 水部——非部

水部

字號	字頭	篆文	字數	出處
0305	水		7	341 鯖甕～；363 北行越～；綫圖（4）302 叁 壬子其下有～；369 用～多少
0306	江		4	33 己巳宿～陵
0307	温		3	317 令～勿令焦
0308	涂		2	352 ～困廥下
0309	治		20	254 不～；36 壬申～；35 辛未～後府

	0310	0311	0312	0313	0314	0315	0316
	清	澤	⿰氵芺	漬	沐	浴	汲
	2	1	1	2	3	3	1
22 戊午～	368 以脩～	88 丁未小～	沃 348 以酒～	315 取東灰一升～	314 取一匕以殽～	368 利～晉	340 ～井
					314 即～取一匕以殽沐	369 ～晉必以日	

0317	0318	0319		0320		0321
汗	池	沶		冶		雨
汗				冶		雨
2	2	1		3		1
316 令～出	339 曲～	315 ～（和）稾本	仌部	372 ～之 354 燔～	雨部	333 若毋見風～

魚部

0322 魚 1 
97 ～米四斗

0323 鯖 1 
341 ～（倩）䴥

飛部

0324 重 翼 4 
239 ～斗乘翼 
239 翼斗乘～

非部

0325 非 1 
350 臣～異也

0326 靡 2 
316 以～（摩）之

第十二 乚部——弓部

乚部

0327 乳

𠃝(篆) 2

314 取新～狗子

不部

0328 不

𣎵(篆) 115

337 心疾～智

202 占市旅～吉

190 占市旅～吉

363 ～得

206 占市旅～吉

190 占來者～至

217 ～勝

206 占戰斲～吉

143 貳 ～利有爲毆

218 占市旅者～吉

190 占行者～發

190 占戰斲～合

224 勝之~合

208 占市旅者~吉

189 請謁事也~成

208 占戰斲~合

228 戰斲~合

218 占戰斲~吉

252 ~聽

313 令人~單病

187 獄訟~吉

188 戰斲~合

350 ~能

209 占約結~成

190 ~得

至部

0329

至

25

230 不~

208 占來者未~

204 占來者未~

202 ~至

210 占來者亟~

228 未~

0330 到

16

220 占來者未～

232 不～

218 占來者～

188 未～

190 占來者不～

222 占來者～

263 十九日以～廿四日

351 ～囷下

264 以～廿日

354 ～種禾時

西部

0331 西

11

綫圖（2）226 ～方

148貳 ～首者壽

363 ～行越金

戶部

0332 戶

1

354 取～旁嚴黍

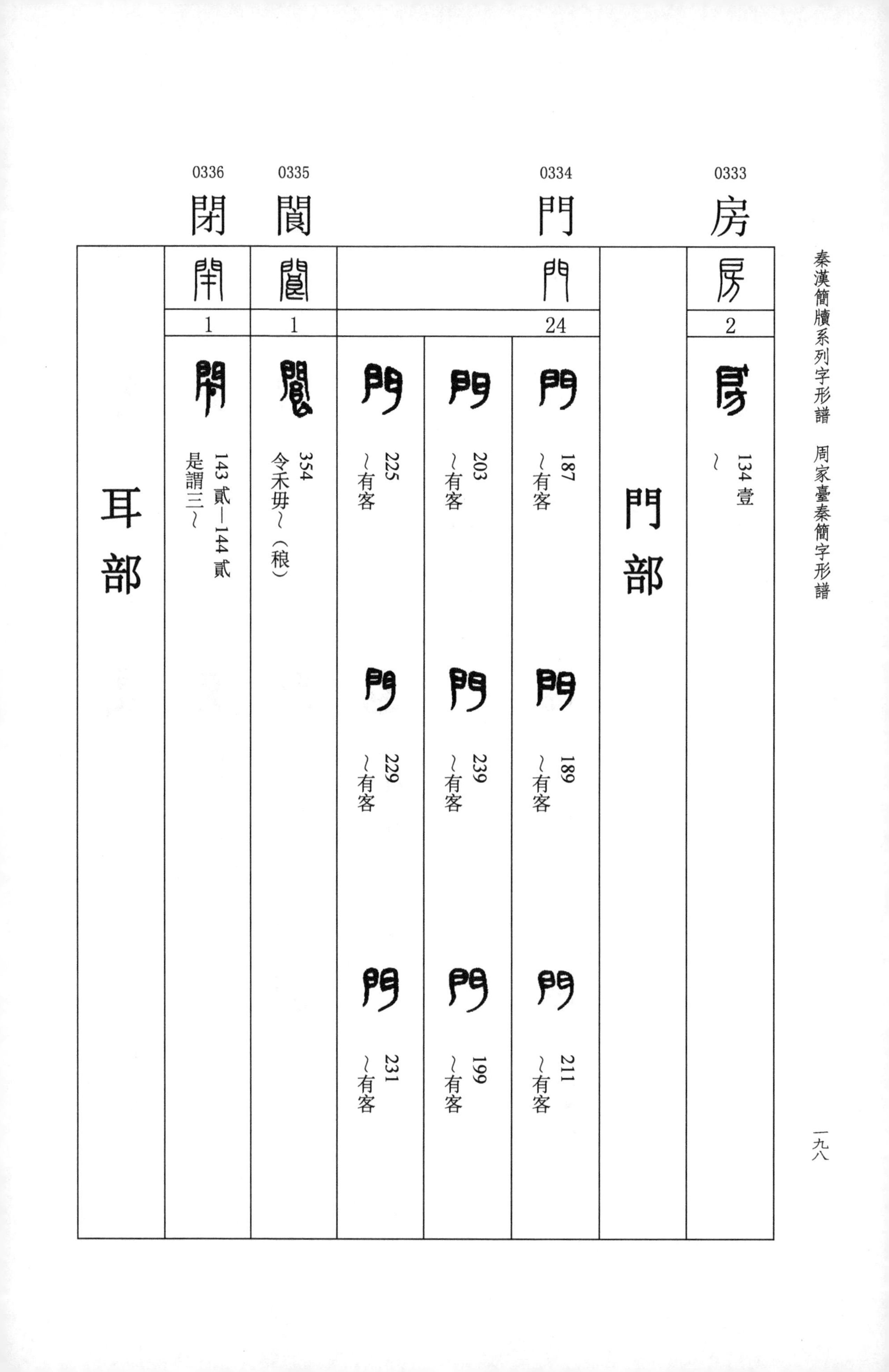

0333 房

2

134壹 ～

門部

0334 門

24

187 ～有客

189 ～有客

211 ～有客

203 ～有客

239 ～有客

199 ～有客

225 ～有客

229 ～有客

231 ～有客

0335 閭

1

354 令禾毋～（稂）

0336 閉

1

143貳—144貳 是謂三～

耳部

字號	字頭	數	例一	例二	例三
0337	耳	1	352 即斬豚～		
0338	聽	12	247 告～之	250 告～之	248 有告～

手部

字號	字頭	數	例一	例二	例三
0339	手	4	340 以左～衺繘	344 以左～撟杯水	
0340	指	5	312 三～竄	315 大如小～	372 大如母～
0341	抵	3	191 相～		
0342	操	8	327 前見地瓦～	328 所～瓦蓋之	338 ～杯米之池
0343	投	4	344 ～杯	338 ～米	343 ～米

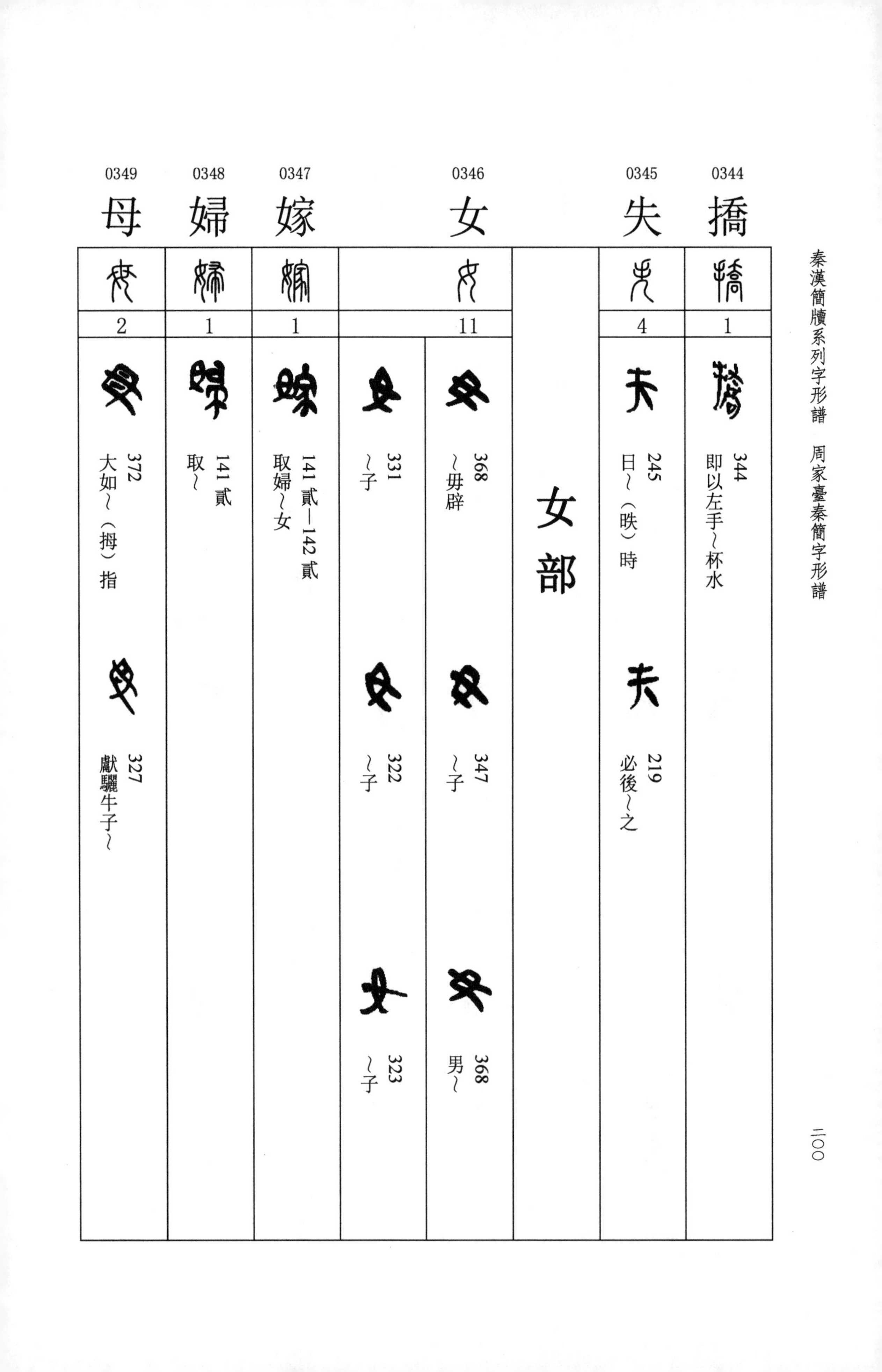

0344	0345		0346		0347	0348	0349
撟	失		女		嫁	婦	母
1	4	女部	11		1	1	2
344 即以左手～杯水	245 日～（昳）時		368 ～毋辟	331 ～子	141貳—142貳 取婦～女	141貳 取～	372 大如～（拇）指
	219 必後～之		347 ～子	322 ～子			327 獻驪牛子～
			368 男～	323 ～子			

0350 始	0351 好	0352 如		0353 婁		0354 毋	
4	2	7		2	毋部	12	
132叁 從朔日～數之	247 復～見之	353 塞禱～故	315 約大～小指	217 ～		368 女～辟	354 令禾～闐
369 日毚～出時		321 大～扁蝠矢	317 小大～黑了			368 目～辟胡者	
		372 大～母指				333 ～與人言	

丿部

0355 弗 (3)

209 占逐盜追亡人～得

207 追亡人～得

371 鼠～穿

乁部

0356 也 (37)

187 所言者急事～

221 所言者惡事～

189 所言者行事～

191 相抵亂～

209 所言者危行事～

205 所言者憂病事～

350 臣非異～

376 某～

217 請謁事～

193 人中子～

211 所言者分楬事～

241 若行者～

239 行事～

235 故事～

203 獄訟事～

201 急事～

215 所言者惡事～

328 頭虫～

350 農夫事～

335 之孟～

氏部

0357 氏

1

142 貳 ～（是）謂小斆

戈部

0358 戚

1

戎 132 叁 此所謂～磨日毆

0359 戰

29

188 ～斲

214 ～斲

198 ～斲

234 ～斲

204 ～斲

206 ～斲

230 ~斲

228 ~斲

208 ~斲

210 ~斲

㇄部

0360

直

直

7

133叁 ~一者

133叁 ~周者

133叁 ~周中三

244 此~引也

亾部

0361

亾

亾

31

189 追~人

187 追~

211 追~人得之

233 追~人

203 追~人

201 追~人得

207 追～人弗得
193 追～人得之
191 追～人得之

218 追～人得之
223 追～人得之
229 追～人

139貳—140貳 ～人不得

瓦部

0362
瓦
8

330 操～
328 所操～蓋之
327 見垣有～

329 先貍一～
327 前見地～
328 置垣～下

弓部

0363
張
3

237 ～門有客
132貳 七月～

0364 引	0365 發
引	發
1	30
244 此直～也	190 不～ 202 已～ 242 已～

第十三　糸部——力部

糸部

0366 絶	0367 細	0368 約			
1	1	28			
 139 貳～邊競	 220 占市旅者～利	191 ～結	229 ～結	221 ～結	207 ～結
		193 ～結	209 ～結	239 ～結	223 ～結
		 187 ～結成	211 ～結	 315 齊～大如小指	

0369 結

結

28

約～ 187	約～ 207	約～ 239	約～ 209
約～ 193	約～ 231	約～ 221	約～ 217
約～ 229	約～ 191	約～ 197	約～ 223

0370 繙

繙

2

341 下免～

虫部

0371 虫

虫

1

328 頭～（蟲）也

蛐部

0372 蠶

2

- 朁 369 浴～

二部

0373 二

24

- 71 十～月大
- 244 十～月
- 263 十～日
- 137 貳 廿～日
- 145 壹 ～月
- 322 男子歙～七
- 331 女子以米～七
- 337 ～七
- 377 ～七

0374 亟

12

- 240 占來者～至
- 242 占來者～至
- 226 ～至
- 192 占來者～至
- 238 ～至
- 210 占來者～至

0375 凡

3

- 141 貳 ～小儥之日
- 143 貳 ～竃日
- 139 貳 ～大儥之日

土部

0376 土 土 2

- 346 而冣其～

0377 地 4

- 327 前見～瓦
- 343 投米～ 

0378 垣 9

- 327 即取～瓦
- 328 置～瓦下 
- 326 見東陳～ 
- 326 敢告東陳～君子 
- 330 ～止 
- 329 先貍一瓦～ 

田部

0379 當 4

- 236 占市旅者自～
- 200 占市旅者自～ 
- 210 占市旅者自～ 
- 132叁 畫～

0380
畜

畜
1
352 農夫～

黄部

0381
黄

黄			
17			
242 占物～白	224 占物～白	230 占物～白	216 占物～赤
222 占物～白	192 占物青～	240 占物青～	228 占物～白
238 占物青～	236 占物青～	188 占物～白	

男部

0382
男

男
4
322 ～子
331 ～子
368 ～女

力部

0383 勝

勝	15
198 占戰斲~	235 問獄訟~	204 ~之
238 占戰斲~	211 占獄訟~	
217 不~	204 不~	

0384 勶

勶	11
勶 133叁 小~（徹）
134叁—135叁 大~（徹）
136叁 卅日小~（徹）

第十四　金部——亥部

金部

0385 錢

錢	2

225 ～財事也

几部

0386 重 處

處	1

260 臧～

斤部

0387 斧

斧	1

372 置晉～（釜）中

0388 斲

斲	29

198 戰～（鬭）

188 戰～（鬭）

228 戰～（鬭）

0389 所

所　37

210 戰～（鬬）

202 戰～（鬬）

208 戰～（鬬）

230 戰～（鬬）

218 戰～（鬬）

戩 204 占戰～（鬬）

132叁 此～謂戎

189 ～言者

207 ～言者

235 ～言者

225 ～言者

209 ～言者

350 出穜～

219 ～言者

329 ～燭

0390 新

新　1

314 取～乳狗子

斗部

0391
斗

25

- 225 ~乘此巂
- 187 角~乘角
- 241 軫~乘軫
- 199 箕~乘箕
- 239 翼~乘翼
- 138壹 十一月~
- 205 ~乘婺=
- 97 魚米四~
- 97 食人米四~

0392
升

4

- 342 一~
- 321 四分~一
- 313 少半~
- 315 取東灰一~

車部

0393
車

2

- 332 見~

0394
輿

2

- 231 [乘]~鬼

編號	字頭	字數	辭例
0395	輒	1	318 寒～更之
0396	軫	4	241 ～斗乘軫；241 軫斗乘～
0397	斬	1	352 即～豚耳
0398	輔	2	332 ～車=

𠂤部

編號	字頭	字數	辭例
0399	陽	1	297 壹 ～主歲=

四部

編號	字頭	字數	辭例
0400	四	13	135 叁 十～日；136 叁 ～日；75 ～月大

136叁 ~日

1 ~月

五部

0401

五

10

134叁 廿~日

137貳 十~日

87 ~月

136叁 ~日

29 ~月

六部

0402

六

11

77 ~月大

137貳 十~

136叁 廿~日

154壹 ~月

263 ~日

七部

0403

七

23

出處	辭例
138貳	廿～日
 132貳	～月
 263	～日
 322	男子歙二～
 131貳	～星
137貳	十～日
 329	以叔～
 331	米～
322	女子欲～
 331	二～
 377	二～

九部

0404

九

11

出處	辭例
138貳	廿～日
 136叁	～日
 263	十～日
 134叁	十～日
 91	～月

内部

0405

禹

12

- 332 ~步三步
- 327 乃~步 
- 326 ~步三步 
- 345 ~步三 
- 350 ~步三 
- 376 ~步三步 

甲部

0406

甲

63

- 2 ~午
- 1 ~午 
- 135貳 ~ 
- 92 ~子 
- 362 ~寅 
- 114 ~辰 
- 7 ~辰 
- 40 ~戌 
- 26 ~子 
- 48 ~申 
- 6 ~辰 
- 28 ~子

乙部

字頭	編號	字數	用例
乙	0407	50	115 ~巳；28 ~丑；364 ~未；51 ~酉；7 ~巳；29 ~丑；8 ~巳；12 ~巳；47 ~酉；2 ~未；9 ~巳；37 ~亥；37 ~亥；135貳 ~；1 ~未
乾	0408	4	309 縣陰所~；319 ~者令人孰以靡之；321 大如扁蝠矢而~之
亂	0409	1	191 占約結相抵~也

丙部

0410 丙

48

- 52 ~戌
- 18 ~辰 
- 30 ~寅 
- 綫圖（3）286壹 ~ 
- 136貳 ~ 
- 綫圖（3）288壹 ~ 
- 10 ~午 
- 89 ~子 
- 綫圖（4）299叁 ~子 
- 2 ~申 
- 8 ~午 

丁部

0411 丁

47

- 3 ~酉
- 2 ~酉 
- 4 ~酉 
- 21 ~巳 
- 43 ~丑 
- 98 ~亥

10 ~未
43 ~丑 
60 ~巳 

136貳 ~
94 ~卯 
24 ~巳 

41 ~丑

戊部

0412
戊

52

44 ~寅
12 ~申 
24 ~午 

22 ~午
30 ~辰 
108 ~戌 

10 ~申
50 ~子 
99 ~子 

50 ~子
30 ~辰 
5 ~戌

0413

成

33

85 ~寅

3 ~戌

207 占約結不~

217 吉事不~

221 占獄訟不~

211 不~

187 約結~

209 占約結不~

189 請謁事也不~

197 占約結~

199 所言者急善事~

205 占約結不~

219 占約結不~

193 占約結~

己部

0414

己

51

5 ~亥

31 ~巳

22 ~未

11 ~酉

41 ~卯

21 ~未

41 ~卯

12 ~酉

100 ~丑

371 ~巳

33 ~巳

23 ~未

6 ~亥

庚部

0415

庚

53

26 ~申

14 ~戌

368 ~午

4 ~子

24 ~申

52 ~寅

135貳 ~

7 ~子

辛部

0416

辛

辛

51

43 ~巳

135 ~貳

24 ~酉

8 ~丑

36 ~未

4 ~丑

6 ~丑

43 ~巳

7 ~丑

35 ~未

62 ~丑

壬部

0417

壬

壬

52

26 ~戌

24 ~戌

58 ~辰

61 ~子

36 ~申

8 ~寅

6 ~寅

7 ~寅

28 ~戌

壬：5 ～寅；135貳  ～；綫圖（3）288叁  ～；77 ～子

癸部

0418

癸

48

癸：26 ～亥；58 ～巳；7 ～卯；1 ～巳；47 ～未；6 ～卯；49 ～未；9 ～卯；49 ～未；135貳 ～

子部

0419

子

79

99 戊～	89 丙～	92 甲～	4 庚～	28 甲～	315 去黑～方	318 以傅黑～	331 男～
322 男～	145 貳産～占	6 庚～	7 庚～	50 戊～	327 獻驪牛～母	331 女～	
77 壬～	247 ～	50 戊～	5 庚～	322 女～	326 君～	361 甲～亡馬牛	

0420 孟

1

335 之～也

0421 疑

2

209 占獄訟～

222 占市旅～

了部

0422 了

2

330 叔～〈子〉

317 小大如黑～〈子〉

丑部

0423 丑

52

6 辛～

8 辛～

28 乙～

29 乙～

43 丁～

93 乙～

87 丁～

135 貳～

100 己～

0424 寅

寅部

48

135貳～

7壬～

8壬～

17甲～

21甲～

52庚～

6壬～

5壬～

0425 卯

卯部

53

17乙～

41己～

7癸～

113癸～

102辛～

10癸～

41己～

9癸～

94丁～

371 ~溉囷垤穴

221 ~（昴）斗乘卯

6 癸~

辰部

0426

辰

49

54 壬~

54 壬~

114 甲~

30 戊~

7 甲~

10 甲~

371 壬~

6 甲~

30 戊~

8 甲~

巳部

0427

巳

84

43 辛~

371 己~

10 乙~

0428

目

己

58

字例	字例	字例
 31 己~丁卯	 7 乙~	 19 丁~
 9 乙~	 22 丁~	 43 辛~
 326 ~（已）齲方	 220 占病者未~（已）	 207 占病者~（已）
 350 即~（已）	 225 占病者~（已）	 235 占病者~（已）
 239 占獄訟~（已）	 210 ~（已）發	 187 占病者~（已）
 373 一月~（已）	 330 笱令某齲~（已）	 332 笱能令某齲~（已）
 326 笱令某齲~（已）	 327 乃禹步~（已）	
 以 373 ~鉢	139 貳 利~遠行	 243 ~廷子爲平旦

329 ~叔七

331 ~米亦可

314 ~殺沐

328 乃~所操瓦蓋之

223 ~期約結者

243 數東方平旦~雜之

346 ~靡其鼻中

331 女子~米二七

312 ~三指竄

316 ~靡之

午部

0429

午

50

1 甲~

61 丙~

22 戊~

23 戊~

36 庚~

24 戊~

8 丙~

61 甲~

36 庚~

2 甲～

未部

0430

未

68

228 ～至

10 丁～

208 ～至

187 ～發

36 辛～

47 癸～

2 乙～

26 己～

364 乙～

234 ～發

212 ～發

24 己～

1 乙～

申部

0431

申

(small seal form)

47

2 丙～	26 庚～	135貳 ～
37 壬～	23 庚～	48 甲～
36 壬～	12 戊～	10 戊～

酉部

0432

酉

(small seal form)

39

47 乙～	35 癸～	12 己～
3 丁～	24 辛～	13 己～
2 丁～	25 辛～	4 丁～

107 丁～

135貳 ～

11 己～

0433

酒

酒

7

312 入～若醫中

313 置淳～中

347 市～

戌部

0434

戌

戌

45

70 丙～

135貳 ～

108 戊～

5 戊～

24 壬～

48 丙～

14 庚～

52 丙～

12 庚～

26 壬～

52 丙～

3 戊～

亥部

0435

亥

49

37 乙~

27 癸~

14 辛~

98 丁~

26 癸~

37 乙~

116 [癸]~

60 辛~

135貳 ~

91 乙~

60 己~

6 己~

5 己~

合文

0001 牽牛	0002 婺女	0003 營室
4	3	3
139壹 ~=	205 ~=斗乘	143壹 正月~=
203 斗乘~=		211 ~=門有客

注：「0003營室」條下的「營=」和「營=」，是「營室」的簡省寫法，不能算作嚴格意義上的合文，但爲體現這批簡文字形全貌，姑且置於合文中。

筆畫序檢字表

一　本檢字表，供檢索《周家臺秦簡字形譜》正文單字的所有字頭和字頭下的俗寫異體用，由此可檢閱到相關字頭下的全部内容。由於合文數量較少，故不再附於本檢字表中。

二　表中被檢字首先按筆畫排列，筆畫相同的字再按筆順（一、丨、丿、丶、乙）之序排列。

三　每一字頭之後是該字在字形譜中的字頭序號——四位阿拉伯數字或四位阿拉伯數字加「重」。例如：「甲　0406」表示「甲」的字頭序號爲「0406」。

四　鑒於有些字頭和字頭下的俗寫異體較爲生僻，爲便於檢索，本檢字表專門列出了與這些生僻字所對應的通行體，即通過檢索某一生僻字所對應的通行體，也可檢索到該生僻字。具體詳《凡例》第十四條。

失 0345
禾 0209
代 0241
白 0236
令 0265
用 0102
卯 0425
主 0145
市 0158
半 0024
必 0023
弗 0355
出 0175
母 0349

六畫

戎 0358
卅 0068
吉 0035
地 0377
耳 0337
臣 0093
西 0331
戌 0434
百 0110
有 0204
而 0277
灰 0287
死 0118
成 0413
至 0329
此 0043
虫 0371
因 0181
肉 0119
牝 0027
先 0256
廷 0059
自 0106
血 0144
行 0060
合 0151
危 0271
旬 0267
名 0030
各 0037
多 0208
亦 0296
次 0259
亥 0435
并 0246
米 0214
汗 0317
江 0306
汲 0316
池 0318
如 0352
好 0351

七畫

攻 0100
赤 0292
投 0343
求 0251重
車 0393
酉 0432
辰 0426
步 0041
見 0257
足 0064
男 0382
邑 0189
牡 0026
告 0029
利 0128
兵 0079
但 0243
皃 0255
角 0130
言 0069
辛 0416
冶 0320
弟 0162
沐 0314
沃 0312
良 0159
君 0031
即 0148
尾 0253

八畫

青 0146
長 0275
者 0108
抵 0341
其 0134重
取 0089
若 0014
迣 0051
直 0360
杯 0171
東 0173
事 0091
兩 0232
雨 0321

九畫

十畫

十一畫

《説文》序檢字表

一　本檢字表，供檢索《周家臺秦簡字形譜》正文單字的所有字頭和字頭下的俗寫異體用，由此可檢閲到相關字頭下的全部内容。由於合文數量較少，故不再附於本檢字表中。

二　表中被檢字見於《説文》者，按大徐本《説文》字序排列，分别部居；未見於《説文》者，按偏旁部首附於相應各部後。

三　每一字頭之後是該字在字形譜中的字頭序號——四位阿拉伯數字或四位阿拉伯數字加「重」。例如：「甲　0406」表示「甲」的字頭序號爲「0406」。

一部
一　0001
弌　0002重
天　0003
丄部
上　0004重
旁　0005
下　0006重
示部
祠　0007
祝　0008
禱　0009
三部
三　0010
玉部
環　0011
丨部
中　0012
艸部
葢　0013
若　0014
蔥　0015
草　0016
茻部
莫　0017
小部
小　0018
少　0019
八部
八　0020
分　0021
公　0022
必　0023
半部
半　0024
牛部
牛　0025
牡　0026
牝　0027
物　0028
告部
告　0029
口部
名　0030
君　0031
命　0032
問　0033
咸　0034
吉　0035
周　0036
各　0037
吅部
單　0038
止部
止　0039
歬　0040
前　0040
步部
步　0041
歲　0042
此部
此　0043
正部
正　0044
是部
是　0045
辵部
過　0046
造　0047
遇　0048
追　0049
逐　0050
迣　0051
遠　0052
道　0053
邊　0054
彳部
復　0055
後　0056
得　0057
御　0058
廴部
廷　0059
行部
行　0060
術　0061
术　0061
街　0062
齒部
齒　0063
足部
足　0064
句部
笱　0065
十部
十　0066
廿　0067
卅部
卅　0068
丗　0068
言部
言　0069

非部
非 0325
靡 0326
乚部
乳 0327
不部
不 0328
至部
至 0329
到 0330
西部
西 0331
戶部
戶 0332
房 0333
門部
門 0334
闐 0335
閉 0336
耳部
耳 0337
聽 0338
手部
手 0339
指 0340
抵 0341
操 0342
投 0343
撟 0344
失 0345
女部
女 0346
嫁 0347
婦 0348
母 0349
始 0350
好 0351
如 0352
婁 0353
毋部
毋 0354
丿部
弗 0355
乀部
也 0356
氏部
氏 0357
戈部
戒 0358
戎 0358
戰 0359
乚部
直 0360
亾部
亾 0361
瓦部
瓦 0362
弓部
張 0363
引 0364
發 0365
糸部
絶 0366
細 0367
約 0368
結 0369
繘 0370
虫部
虫 0371
䖵部
蠶 0372
朁 0372
二部
二 0373
亟 0374
凡 0375
土部
土 0376
地 0377
垣 0378
田部
當 0379
畜 0380
黃部
黃 0381
男部
男 0382
力部
勝 0383
勦 0384
劬 0384
金部
錢 0385
几部
處 0386重
斤部
斧 0387
斲 0388
戥 0388
所 0389
新 0390
斗部

分譜之四

龍崗秦簡字形譜

説明

一　本字形譜所收之字源自中華書局二〇〇一年出版的《龍崗秦簡》一書的摹本及圖版，含竹簡二百九十三枚（包括殘簡），木牘一枚。對於《龍崗秦簡》中不太清楚的字圖，則選用或參考以下二書：日本株式會社二玄社二〇〇九年出版的西林昭一編集《簡牘名蹟選4》，武漢大學出版社二〇一四年出版的陳偉主編《秦漢牘合集·貳》。

二　字頭共有單字三百六十四個（没有合文）。

三　辭例所標出處悉依《龍崗秦簡》，數字表示簡號，例如：「127」指第127號竹簡。「牘正」和「牘背」，分别表示木牘的正面和背面。

單字

第一　一部——茻部

一部

0001 一（一） 31

- 205 ~盾
- 40 百~十錢
- 41 ~錢
- 41 賁~盾
- 48 ~里
- 118 ~盾
- 127 ~町
- 133 ~町
- 152 ~甲
- 33 麋~
- 236 ~甲

0002 吏（叓） 13

- 牘正 ~論失者已坐以論
- 116 ~行田
- 11 ~與參辨券

45 ~弗劾論

6 禁苑~

197 ~及徒去辨

上部

0003 重

上

10

42 以~

125 不以敗程租~

141 ~然租不平而刻者

187 以~

239 ~典

250 鄉邑~

0004

帝

2

15 皇~

16 皇~

0005

旁

1

252 ~不可

0006 重

下

1

238 ~皆

示部

0007
禁
禁
33

6 ～苑吏
6 ～中 
7 ～苑 
27 ～苑 
28 ～苑 
38 ～苑 
39 ～苑嗇夫 
83 ～苑 

三部

0008
三
三
4

126 ～程
216 ～分 

王部

0009
皇
皇
2

15 ～帝
16 ～帝

丨部

0010

中

中 23

160 田～

54 馳道～

7 禁苑～

38 禁苑～

60 ～及弩道絶馳〓道〓

27 耎～

27 禁～

35 沙丘苑～

48 ～質

85 ～獸

17 禁～

64 道～

11 禁苑～

1 雲夢禁～

屮部

0011

每

每 1

28 ～〓（謀謀）殺

艸部

字頭	字數	例
0012 茅	1	 153 蒸~芻稾
0013 葉	1	 38 産~
0014 苗	1	 166 賜~
0015 苑	23	 6 禁~；18 禁~；7 禁~；28 禁~；38 禁~；21 ~律論之；25 禁~；27 禁~；83 禁~；6 ~人；35 沙丘~；23 禁~

0016 若	0017 芻	0018 重 ⿱艹丞	0019 荼	0020 草		0021 葬
2	1	1	2	1	茻部	2
59 ～吏	153 ⿱艹丞茅～稾	153 ～茅芻稾	35 風～	153 取人～		197 ～具
			36 風～			

第二　小部——行部

小部

0022 小　2

265 □～□□

207 ～期

0023 少　1

142 詐毋～多

八部

0024 分　4

137 ～以上

186 ～失廿石

216 三～

0025 尚　1

牘背 自～（常）

0026 必　5

3 ～行其所當行之[道]

8 ～復請之

220 謁者～

半部

0027
半

1

164 以其～

牛部

0028
牛

14

102 馬～

101 馬～

100 馬～羊

115 馬～

58 馬～

111 馬～羊犬彘

104 馬～

110 ～殺

55 ⧄～〓⧄

103 馬～

268 ⧄～□

0029
物

2

26 錢財它～

告部

0030 告

3

- 39 亟~縣
- 150 ~典〃田〃典〃 

口部

0031 問

1

- 206 道官〃長〃~

0032 各

7

- 152 ~一甲
- 130 ~二程 
- 142 ~以其 
- 152 ~二甲 
- 53 ~二甲 
- 205 ~一盾 

止部

0033 止

1

- 262 ☐~

0034 歸

歸

1

115 盜馬牛～

此部

0035 此

此

1

183 犯～令

正部

0036 正

正

1

116 ～月

辵部

0037 迹

迹

1

73 賊～

0038 辻

辻

4

徒 197 吏及～去辨

181 具～=

0039	0040	0041	0042	0043	0044	
過	𨑨	逋	遺	追	道	
4	2	1	2	5	29	
48 去道～一里	徙 160 ～其田中之臧	47 ～亡	125 ～程	18 ～〓盜〓賊〓	8 縣～官	26 縣～官
193 不盈十石及～十	121 盜～封			19 ～捕	7 縣～官	31 甬～
				19 ～事已	200 縣～官	46 衢～

0044 (續)
48 去～過一里
54 馳～
58 縣〓～〓

60 馳=～=

64 ～中

75 縣～

86 縣～官

120 侵食～

246 ～官

221 行～

39 垣有壞决獸～出

0045 新

迸

1

160 ～徙其田中之臧

彳部

0046

復

2

8 ～請之

213 ～以給假它人

0047

徼

1

66 ～行

0048

循

1

39 ～行

0049 得

9

- 53 弗～
- 64 弗～ 
- 90 ～殉 
- 234 弗～ 
- 1 ～取 
- 43 ～見 

0050 律

8

- 240 □～
- 8 從～ 
- 150 租者且出以～ 
- 21 苑～ 

0051 御

1

- 59 騎作乘輿～

行部

0052 行

15

- 3 必～其所當行之[道]
- 15 從皇帝而～ 
- 39 循～ 
- 54 ～馳道中 
- 58 ～之 
- 63 ～馳

221 ～道

116 吏～田

87 絶～

66 徹～

61 ～之

0053

衝

1

46 ～（衝）道

第三 十部——用部

十部

字號	字頭	篆文	字數	字例
0054	十	十	7	 40 百一~；191 ~石；191 不盈九斗到~；193 ~石
0055	丈	𠀋	1	 176 租者不~
0056	千	𠦃	2	 120 ~（阡）陌；154 ~（阡）佰
0057	廿	廿	10	 98 ~五年；193 ~石；41 ~二錢；186 ~石；187 ~石；116 ~四年

言部

字號	字頭	數量	字例
0058	冊	1	194 ～石；188 ～石；27 ～里
0059	言	8	 200 有～縣道官；159 或即～其田；202 未央而～者；198 勿予其～；201 ～吏入者；21 伍人弗～者
0060	請	2	 22 𡘋～（情）入之；8 復～之
0061	謁	1	 220 ～者
0062	諸	9	 27 ～禁苑；1 ～叚兩雲夢池魚；28 ～禁苑

103 ~馬牛

0063 讀

1

66 令吏徒~

0064 論

10

牘正 已坐以~

153 勿~

牘正 吏~

161 ~之

牘正 ~不當爲城旦

0065 詷

1

74 捕~〈詷〉

0066 詐

6

12 ~（詐）僞

4 ~（詐）僞

128 ~（詐）一程

142 ~（詐）毋少多

0067 讓

1

4 ~人符傳

0068 誶

3

193 不盈廿石到十石～

192 斗～

誩部

0069 重 善

2

91 ～射

270 各～

辛部

0070 妾

1

40 隸臣～

収部

0071 丞

4

牘正 ～甲

53 令～

152 令～

0072 具

4

181 ～徒=

197 棺葬～

68 吏～

舁部

0073 重

舉

2

199 言～（遷）及有罪者

54 皆～（遷）之

0074

與

22

4 ～闌入門同罪

114 ～同罪

21 ～同灋

137 ～盜同

133 ～同灋

174 重租～故

201 ～盜同

179 ～買者

11 吏～參辨券

農部

0075

農

1

175 反～

革部

0076

革

革

1

85 皮～筋

0077

鞫

1

牘正 ～之

爪部

0078

爲

爲

16

27 諸禁苑～耎

40 耐～隸臣妾

51 ～城旦

70 ～城旦舂

90 ～作務

93 ～城旦舂

107 ～[盜]

133 程田以～臧

牘正 ～城旦

172 ～輕租直

牘正 ～庶人

108—109 黥～城旦舂

又部

0079 夬 (3)

- 202 未～（決）
- 204 未～（決）

0080 及 (35)

- 199 ～有罪[者]
- 38 產葉～皮
- 101 ～亡之
- 15 ～舍禁苑中
- 12 ～以它詐僞入
- 39 ～見獸出在外
- 60 ～弩道絶馳＝道＝
- 5 ～[諸]佩入司馬門
- 195 ～棄臧

0081 反 (1)

- 175 ～農

0082 取 (11)

- 34 ～其豺狼
- 1 得～
- 38 ～禁苑中
- 27 ～者
- 10 ～傳書
- 27 ～耎中獸

0083 叚

叚 1

1 諸～（假）兩雲夢池魚

153 ～人草

213 ～〼

史部

0084 史

史 3

牘正 ～丙

152 令丞令～各一甲

205 ～□貲各一盾

0085 事

事 4

6 有～禁中

19 追～已

7 有～禁苑中

68 ～已出

聿部

0086 書

書 3

7 傳～

10 傳～

隶部

0087 隸

隸

1

40 ～臣妾

臣部

0088 臣

臣

1

40 隸～妾

0089 臧

臧

10

137 失～（贓）

201 坐～（贓）

133 程田以爲～（贓）

148 受～（贓）

151 坐～（贓）

161 罪及稼～（贓）論之

195 棄～（贓）

137 受～（贓）

殳部

0090
毆

6

26 没入其販假～（也）

71 ～（也）縱火

106 殺傷～（也）

118 非田時～（也）

殺部

0091
殺

11

106 ～傷

82 ～之

123 盜賊以田時～

97 ～獸

101 ～之

寸部

0092
寸

2

14 六～

257 □～▨

0093 將

將 4

16 ～者

43 ～司

皮部

0094 皮

皮 5

85 ～革筋

86 入其～

83 入其～

攴部

0095 故

故 8

158 即～

174 重租與～

170 租～重

171 ～輕故重

171 故輕～重

0096 數

數 1

39 ～循行

0097 敦

敦 1

91 善射者～（屯）

0098 敗 3

125 ~程租

125 ~程租

0099 牧 2

114 盜~者與同罪

用部

0100 用 2

85 以皮革筋給~

214 南郡~節不給時令

第四　盾部——刀部

盾部

0101 盾

篆：盾

6

- 118 一～ 
- 205 一～ 
- 212 一～
- 219 一～

自部

0102 自

篆：自

1

- 牘背 ～尚

白部

0103 皆

篆：皆

17

- 4 ～與闌入門同罪
- 54 ～署之 
- 88 ～勿論

0104

者

60

137 ～與盜同

150 令黔首～智之

151 ～坐臧

154 黔首～從千佰彊畔

238 下～

293 □～□

牘正 失～已坐以論

3 傳～

7 有事禁苑中～

197 ～棺葬具

17 居禁中～

20 不出～

27 取～

32 取禁中豺狼～

42 完城旦舂以上～

54 行馳道中～

76 捕～

125 敗程租～

138 犯令～

142 匿租～

144 租～

1 到雲夢禁中～

148 遺～

152 部主～

144 監～

11 于禁苑中～

179 買～

0105 䘦

1

22 ～（知）請入之

0106 百

2

40 二～廿錢

隹部

0107 雉

2

34 ～兔

羊部

0108 羊

5

100 牧縣官馬牛～

102 没入私馬牛～

98 馬牛～

111 馬牛～

0109
羔

1

102 犢～

0110
羣

1

90 ～它

鳥部

0111
鳥

1

30 時來～

烏部

0112 重
於

1

59 騎馬～它馳道

𠦒部

0113 重
棄

2

195 ～臧

17 ～市

予部

0114 予

2

177 寫律～租

198 勿～其言

受部

0115 受

3

137 ～臧

148 ～臧

0116 爭

1

203 而～〓

0117 重 敢

7

敢 180 ～販假

27 毋～取奊中獸

85 毋～射〓

54 ～行馳道中者

103 毋～〓穿〓穽〓

歺部

0118

殉

1

90 得～

死部

0119

死

5

37 ～獸

75 ～□縣道

196 不幸～

牘正 辟～論不當爲城旦

牘正 免辟～爲庶人

肉部

0120

肉

1

83 食其～

0121

散

1

119 亟～

筋部

0122 **筋**

1

85 皮革～

刀部

0123 **辨**

2

11 參～券

0124 **制**

1

8 ～所致縣道官

0125 **剋**

1

203 不～

第五　竹部——桀部

竹部

字號	字頭	字數	簡號及辭例
0126	節	 1	 214 南郡用～不給時令
0127	等	 1	 149 一～
0128	符	6	2 ～傳；4 ～傳；5 合～；14 六寸～
0129	 笲	1	 140 租～索

箕部

0130 重
其

48

- 147 ～匿田之稼
- 83 食～肉 
- 137 ～所失臧 
- 73 ～罪 
- 149 一等～ 
- 155 假～田 
- 18 ～追〓盜〓賊〓 
- 26 ～販假
- 30 ～欲弋射 
- 44 駕～罪 
- 86 入～皮 
- 6 取～ 

丌部

0131
典

3

- 239 上～
- 150 告～〓 

左部

0132
左

1

- 2 ～趾

工部

0133 巨

（篆）巨 1

96 勿令~（歫）罪

亏部

0134 亏

（篆）亏 4

于 136 輕重~程

111 馬牛羊犬彘~人田

26 錢財它物~縣道官

0135 平

（篆）平 2

140 不~

皿部

0136 盈

（篆）盈 14

41 不~廿二錢到一錢

191 不~十石到一石

193 不~廿石到十石

190 不~一石

0137		0138			0139		0140 重
盡		去			主		穽
2	去部	5		丶部	3	井部	1
133 ～□盈		27 諸禁苑爲奧～	197 吏及徒～辨		152 部～者		103 穿〓～〓
185 其程～以		31 ～甬道			162 稼償～		
		28 ～奧廿里			234 ～弗得		

皀部

0141 即

2

158 ～故

159 ～言其田

食部

0142 食

4

120 侵～道

83 ～其肉

亼部

0143 合

1

5 ～符

0144 僉

1

226 ～

0145 舍

1

15 ～禁苑中

入部

0146 入

31

- 83 ~其皮
- 20 以盜~禁 
- 86 ~其皮 
- 2 出~ 
- 2 闌~門 
- 147 沒~其匿田之稼 
- 5 ~司馬門 
- 24 僞假~縣 
- 3 ~門
- 12 以它詐僞~ 
- 201 言吏~者 
- 5 以傳書閱~之 

矢部

0147 矢

2

- 17 挾弓弩~

0148 重 射

6

- 31 弋~
- 91 善~ 
- 156 僕~

29 ~耎中

嗇部

0149 嗇

2

39 禁苑~夫

64 貲官~

來部

0150 來

3

30 時~鳥

116 甲寅以~

夊部

0151 致

1

8 所~縣道官

0152

乘

𠅘部

2

59 騎作～輿御

54 以～車軺車

第六　木部——𤰔部

木部

0153	0154	0155	0156	0157	0158
楢	棫	柞	橎	櫝	機

1	1	1	1	1	1

38 柞棫橎～	38 柞～橎楢	柞 38 ～棫橎楢	38 柞棫～楢	122 盗繫～	103 及=置=它=～【□】

0159
橋

1

60 弩道同門~

0160
棺

1

197 ~葬具

之部

0161
之

38

牘正 籍~

101 殺~

117 論~如律

21 苑律論~

22 入~

3 行其所當行~道

43 將司~

54 皆署~

101 亡~

61 行~

82 殺~

8 必復請~

119 毆入~

161 論~

100 盜□~

131 程直希～

58 行～

67 出入～

274 □～

179 ～亦與買者

150 皆智～

147 匿田～稼

73 匿～

143 失～

225 論～

19 追捕～

154 千佰彊畔～其

出部

0162

出

11

2 ～入

20 不～者

36 風荼朮～

39 獸道～

150 租者且～以律

230 甲～

𣎵部

0163 索

1

140 租笄～

0164 南

2

214 ～郡

生部

0165 産

1

38 ～葉及皮

貝部

0166 財

2

26 錢～它物

178 錢～它物

0167 賞

1

146 ～之

0168 賜

1

166 ～苗

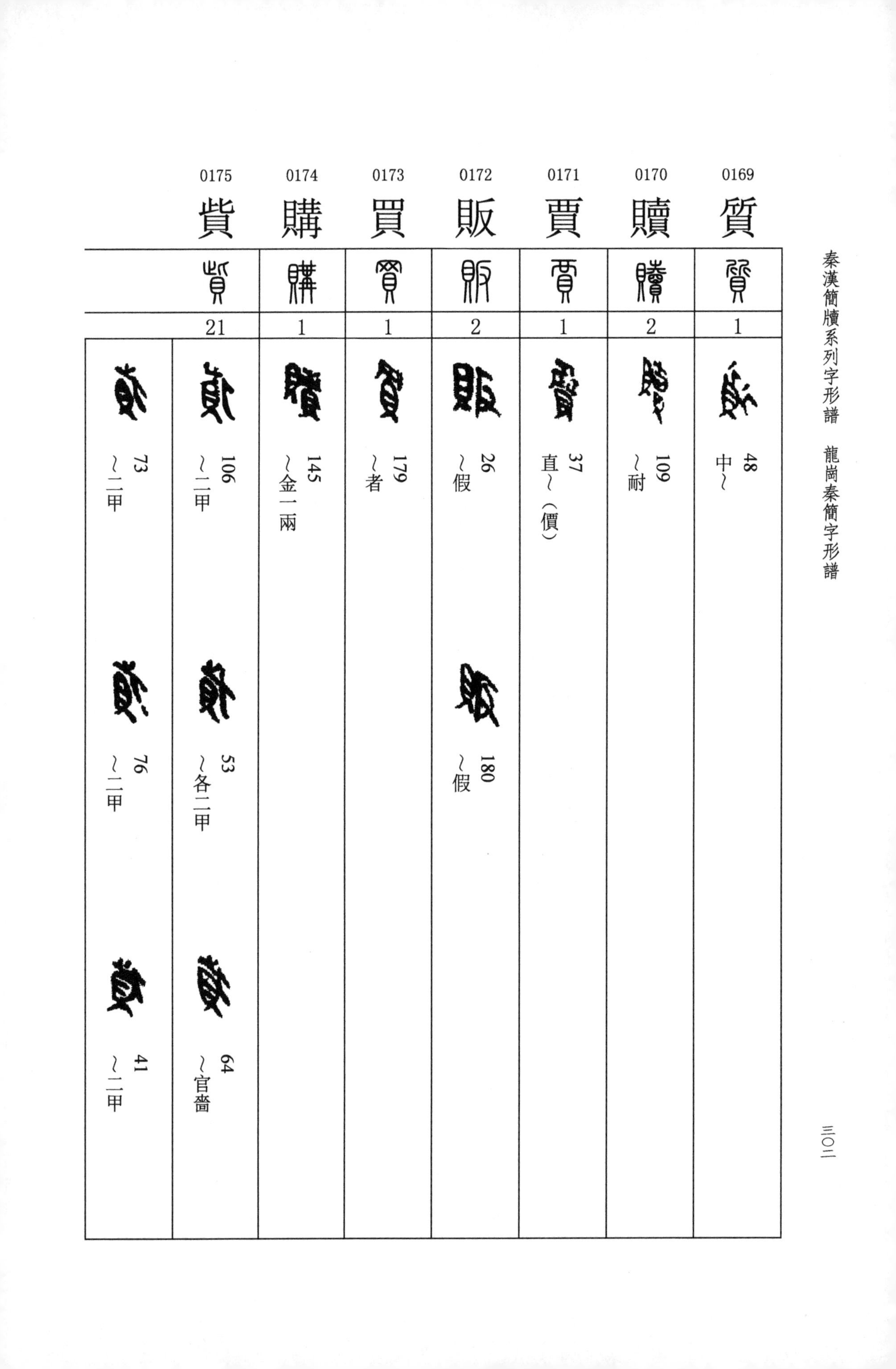

0169	0170	0171	0172	0173	0174	0175
質	贖	賈	販	買	購	貲
1	2	1	2	1	1	21
48 中~	109 ~耐	37 直~（價）	26 ~假	179 ~者	145 ~金一兩	106 ~二甲；73 ~二甲
			180 ~假			53 ~各二甲；76 ~二甲
						64 ~官嗇；41 ~二甲

202 ～二

236 ～一甲

288 ～一

邑部

0176 邑

1

250 鄉～

0177 郡

2

214 南～

0178 部

3

152 ～主者

139 其～

10 鄉～稗官

𨛜部

0179 鄉

2

10 ～部稗官

第七　日部——巾部

日部

0180 日

1

243 二～

0181 時

4

214 ～令

118 非田～殹

123 盜賊以田～殺

30 ～來鳥

旦部

0182 旦

10

牘正 城～

33 城～舂

93 城～舂

109 ～舂

18 城～舂

267 ～舂

晶部

0183 重

參

1

11 ~辨券

月部

0184

月

3

98 四~

116 正~

牘正 九~丙申

有部

0185

有

21

200 ~言縣道官

199 ~罪[者]

7 ~事

44 ~（又）駕其罪

28 諸禁苑~耎者

199 宦者其~言

105 未~

58 ~（又）没入其車

39 垣~壞決

			0186 夢	0187 外		0188 多		
			2	4		2		
283 ☐～☐；181 徒＝～；146 ～（又）賞之	 47 ～逋亡；12 ～不當入而闌入	夕部	1 雲～	 53 闌～；52 闌～；39 在～	多部	 157 田實～其；142 訴毋少～	马部	

0189		0190	0191	0192	0193	0194	0195
甬	禾部	稼	穜	私	稗	年	租
2		4	1	1	1	2	23
31 ~道		147 没入其匿田之~	158 始~（種）即故	102 没入~馬牛羊	10 鄉部~官	116 廿四~正月甲寅	125 敗程~者
		161 罪及~臧論之					125 不以敗程~
							136 ~不能實

臼部

141 ~不平而刻者

143 不到所~

176 ~者不丈

142 匿~者

187 失~廿石

129 虛~希程者

169 ~其

144 ~者

140 ~笄索

0196 税

税（小篆）

1

147 坐其所匿~臧

0197 程

程（小篆）

16

136 輕重于~

131 ~直希之

128 一~若二程

129 虛租希~

185 其~盡以

133 ~田以爲臧

125 不遺程敗~租者

125 不遺~敗程租者

編號	字頭	數量	字例
0198	舂	8	18 城旦～；33 城旦～；42 城旦～；109 旦～

宀部

編號	字頭	數量	字例
0199	完	2	42 ～城旦舂
0200	實	2	157 田～多其
0201	宦	2	199 ～者
0202	守	1	44 ～縣
0203	寫	2	177 ～律予租

穴部

0204 穿

穿
1
103 ~"穽"

疒部

0205 疾

疾
1
119 ~敺入之

冃部

0206 同

同		
14		
148 與盜~灋	44 ~灋	45 與~罪
22 與~罪	60 與弩道~門橋	124 與盜田~灋
114 盜牧者與~罪	133 與~灋	137 與盜~

201 與盜~灋

21 與~灋

27 與盜禁中~

㒳部

0207
兩

2

1 諸叚~雲夢池魚

145 一~

网部

0208
罪

22

146 除其~

34 毋~

42 故~

44 有駕其~

96 勿令巨~

135 同~

145 ~購金一兩

73 其~匿之

22 與同~

0209
置

1

103 ~〓它〓機【〓】

巾部

0210

希

4

129 虛租～（稀）程

131 程直～（稀）之

第八　人部——次部

人部

0211 人

19

4 假~符傳

120 斬~疇企

129 ~及虚租希程者

18 亡〓~〓

21 伍~

153 取~草

17 亡~

213 它~

牘正 庶~

4 讓~符傳

108—109 殺~黥爲城旦舂

0212 企

1

120 斬人疇~（畦）

0213 偕

1

182 具與~

編號	字頭	數量	辭例
0214	佰	1	154 千～（陌）
0215	作	2	59 騎～乘輿御；90 爲～務羣它
0216	假	8	26 販～；155 ～其田；178 以錢財它物～田；213 復以紿～它人
0217	侵	2	120 ～食
0218	償	2	101 當～而誶；162 稼～主
0219	傳	11	4 符～；2 符～；9 其～；10 ～書；3 ～者

編號	字頭	數量	例
0220	僞	4	12 詐～；4 詐～；24 ～假入縣
0221	傷	2	109 ～人；106 殺～
0222	免	1	牘正 ～辟死爲庶人
0223	佩	1	5 ～〈佩〉入司馬門

从部

編號	字頭	數量	例
0224	從	5	8 不～律；15 ～皇帝而行；117 不～令；154 皆～

丘部

0225 丘

2

263 ☐～□

35 沙～

0226 虛

2

129 ～租希程

143 ～[租]

重部

0227 重

2

174 ～租與故

臥部

0228 監

1

144 ～者

身部

0229 身

1

43 終～

衣部

0230 祧

1

119 未能～〈逃〉

尸部

0231 居

1

17 ～禁中

尺部

0232 尺

2

140 一～以上

140 不盈一～

見部

0233 見

2

39 ～獸出在外

43 毋得～

欠部

0234 欲

1

30 ～弋射㚖獸者

㳄部

0235 羨

1

牘正 沙～

0236 盜

24

137 與～同

37 ～死獸

44 ～同灋

49 ～禁苑

69 首～

100 ～□之

114 ～牧者

121 ～徒封

122 ～繫櫝

20 以～入禁

124 ～田

126 ～田

201 與～同[瀍]

148 與～同瀍

175 ～田

123 ～賊

第九　首部——豕部

首部

0237 首

11

30 黔～

150 黔～

269 ☐～

155 黔～

158 黔～

154 黔～

県部

0238 縣

16

7 ～道官

8 ～道官

39 亟告～

75 ～道

200 ～道官

228 ☐～☐

司部

0239 司

司

2

5 ～馬門

卩部

0240 令

令

18

8 ～丞

16 將者～徒

43 ～終身毋得見

53 ～丞

96 勿～巨罪

214 時～

150 ～黔首皆智之

152 ～史

183 犯此～

117 田不從～

辟部

0241 辟

辟

2

牘正 ～死論不當爲城旦

牘正 免～死爲庶人

勹部

0242 家

家	
2	
121 ～盧	 124 人～

广部

0243 庶

庶
1
121 牘正 ～人

0244 廟

廟
1
 121 宗～

石部

0245 石

石	
13	
 188 廿～	 188 ～到一石
193 不盈十～	187 廿～
191 十～	193 廿～

190 一～

186 廿～

193 到十～

長部

0246 長

1

206 官＝～＝

勿部

0247 勿

10

23 ～敢

178 以錢財它～（物）

78 者～

96 ～令巨罪

198 ～予其言

30 ～禁

而部

0248 而

19

2 毋符傳～闌入門

83 食其肉～入其皮

64 道中～弗得

0249 重

耐

3

101 當償～誶

85 ～毋敢射=

202 未央～言

248 □～▨

143 虛租～失之

184 ～以

203 ～爭=

12 不當入～闌入

141 租不平～刻

203 爭=～不剋

109 贖～

豕部

0250

豲

1

豲 34 狼～

彑部

編號	字頭	字數	字例
0251	㲋	3	33 ~一；111 馬牛羊犬~于人田
0252	貐	1	34 ~〈貐〉

豸部

編號	字頭	字數	字例
0253	豺	2	32 ~狼；34 ~狼
0254	貍	1	34 狐~

第十　馬部——夫部

馬部

字頭	字數	出處及辭例
0255 馬	14	5 司～門；58 ～牛；115 ～牛；104 ～牛；103 ～牛；59 騎～；62 ～弩道
0256 駒	2	113 病～；112 ～=犢=
0257 騎	3	59 ～作乘輿御；59 ～馬；54 其～
0258 駕	2	44 有～（加）其罪

0259 重 毆

2

- 119 疾~（驅）入之
- 23 ~（驅）入禁苑中

0260 馳

4

- 54 ~道
- 59 ~道
- 60 ~=道=
- 63 有行~

廌部

0261 灋

6

- 133 與同~
- 147 與~没入
- 148 與盜同~

鹿部

0262 鹿

1

- 33 ~一

0263 麋

1

- 33 ~一

編號	字頭	數量	出處
0264	麃	1	33 ~一
	兔部		
0265	兔	1	34 雉~
	犬部		
0266	犬	2	111 馬牛羊~彘于人田
0267	犯	2	138 ~令
0268	㲉	1	34 豺狼豲貈狐貍~
0269	狼	2	32 豺~；34 豺~

0270 狐

2

34 ～貍

犾部

0271 獄

1

204 ～未央

能部

0272 能

3

103 ～害

119 未～祧

136 租不～實

火部

0273 火

1

71 縱～

0274 然

3

34 ～取其

141 ～租不平而刻者

黑部

0275 黔

9

150 ～首

155 ～首

158 ～首

0276 黥

1

108 ～爲城

大部

0277 大

1

156 ～人

亦部

0278 亦

2

179 ～與買者

夨部

大部

0279 奞

篆	數	例
[小篆]	1	196 不~死

0280 奭

篆	數	例
[小篆]	7	27 諸禁苑爲~（壖）；27 毋敢取~（壖）中獸；28 諸禁苑有~（壖）者；29 射~（壖）中；121 宗廟~（壖）

夫部

0281 夫

篆	數	例
[小篆]	2	39 禁苑嗇~；138 ~☐

水部

編號	字頭	數量	辭例
0282	河	1	82 ～（呵）禁所殺犬
0283	治	1	251 ～除敗
0284	沙	2	牘正 ～羨；35 ～丘
0285	決	1	决 39 垣有壞～
0286	没	4	147 ～入其匿田之稼；102 ～入私馬牛羊；58 ～入其車馬牛
0287	減	1	148 遺者罪～焉

0288		0289		0290		0291
潚		雲		魚		非
	雲部	雲（篆）	魚部	魚（篆）	非部	非（篆）
1		2		2		1
224 魚～直		1 兩～夢；1 ～夢禁中		224 ～潚直		118 ～田時毆

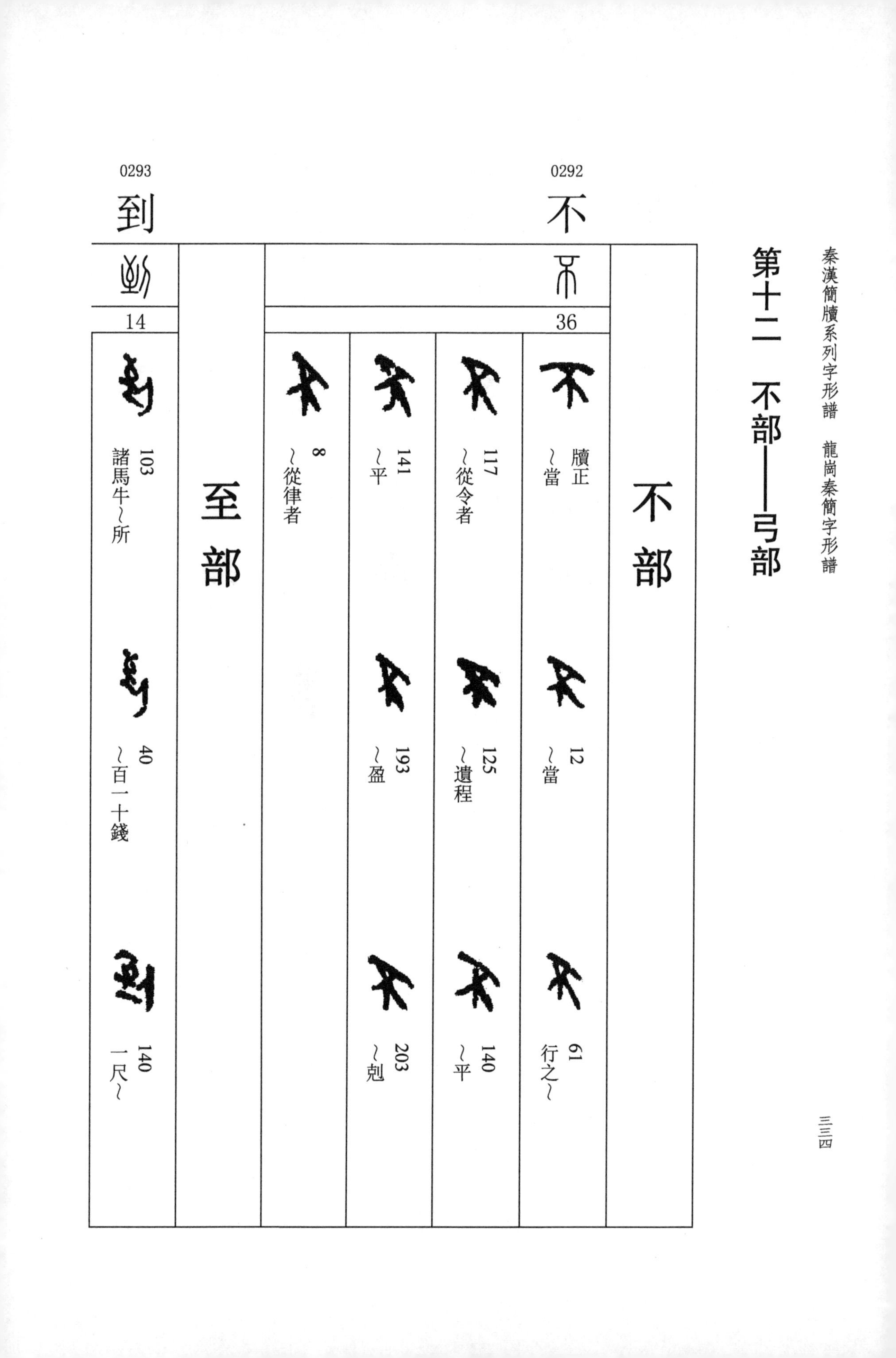

第十二　不部——弓部

不部

0292

不

36

牘正 ～當

12 ～當

61 行之～

117 ～從令者

125 ～遺程

140 ～平

141 ～平

193 ～盈

203 ～逅

8 ～從律者

至部

0293

到

14

103 諸馬牛～所

40 ～百一十錢

140 一尺～

143 不~所租

188 ~一石

193 不盈廿石~十石

門部

0294 門 5

60 馳〓道〓與弩道同~

2 闌入~

3 傳者入~

0295 闌 3

2 ~入門

4 ~入門

0296 關 4

53 ~外

5 ~〓合符

52 ~外

閈 37 直賈以~

手部

0297 失 6

136 町~三分

137 ~臧

143 ~之如

186 ~廿石

187 ~租廿石

牘正 ~者已坐以論

0298 捕 6

80 及~

76 ~者貲二甲

74 ~詗

女部

0299 始 1

158 ~穜

0300 如 8

146 ~它人告

117 論之~律

143 失之~

44 ~守縣

毋部

0301 毋 10

2 ~（無）符傳

28 ~敢〓每〓殺【〓】

34 ~（無）罪

43 令終身～得見

85 ～敢射〓

103 ～敢〓穿〓穽〓

119 ～令獸

142 詐～（無）少多

丿部

0302

弗

8

45 吏～劾論

172 雖～爲輕

64 道中而～得

138 ～得

21 伍人～言者

厂部

0303

弋

2

31 ～射

30 ～射

乀部

0304 也

1

牘背：自尚～

戈部

0305 賊

3

18：盜=～=

123：盜～

0306 或

8

158：～始種

36：～捕詣吏

159：～即言其田

134：～稼

155：～者

6：～取其

65：～入

乚部

0307

直

直	
6	
37 ～（值）賈	172 輕租～（值）
131 程～（值）希之	224 魚潲～
137 ～（值）其所失臧	

亾部

0308

亾

亾	
4	
17 ～人	18 ～=人=
112 ～馬=牛=駒=犢=	
101 ～之	

匸部

0309

匿

匿	
6	
73 ～之	142 ～租
147 ～田之稼	
147 ～稅臧	

弓部

0310 弓	0311 彊	0312 弩	
1	1	6	
 17 挾~弩矢	 154 ~（彊）畔	 17 挾弓~矢	62 ~道
		 92 ~矢	
		 60 ~道	

第十三　糸部——力部

糸部

編號	字	數量	辭例
0313	紿	2	213 復以～（詒）假它人
0314	絶	2	60 弩道～馳=道=；87 ～行
0315	縱	1	71 ～火
0316	給	1	85 ～用
0317	終	1	43 ～身

風部

0318 風

2

35 沙丘苑中～荼者

36 ～荼宂出

它部

0319 它

9

12 以～詐僞入

26 錢財～物

59 騎馬於～馳道

83 ～禁苑

103 及▉置▉～▉機▉▉

178 錢財～物

213 復以紿假～人

二部

0320 二

19

40 ～百廿錢

41 ～甲

208 ～甲

	76 ~甲	128 一程若~程	65 ~甲

0321 亟 3

119 ~散	39 ~告縣	68 必~入

土部

0322 垣 1

39 ~有壞決

0323 在 2

39 獸出~外
左 52 禁苑~關外

0324 堊 5

118 及田不□□~	147 ~其所匿稅臧	151 ~臧
201 ~臧	牘正 失者已~以論	

0325	0326		0327		0328		0329
封	城		壞		里		田
2	9		1	里部	3	田部	24
121 盜徙～	18 ～旦舂	42 ～旦舂	39 垣有～决		27 卌～		147 匿～之稼
	33 ～旦舂	93 ～旦舂			48 去道過一～		123 ～時
	牘正 ～旦	108 黥爲～			28 去耎廿～		124 與盜～同灋

111 于人～
157 ～實多其
116 行～ 

0330
町
4

127 一～
133 田一～ 
136 ～失三分 

0331
疇
1

120 斬人～企

0332
畔
1

154 彊～

0333
當
9

101 ～償
127 ～遺二程 
42 ～完城旦舂 
牘正 不～爲城旦 
19 □□～ 
12 不～入 

男部

0334
男
2

2 ～子

力部

0335 務	0336 𠟭	0337 劾
2	1	1
10 作~	61 𠟭~（徹）弩道	45 吏弗~論
90 爲作~		

第十四 金部——申部

金部

0338 金

金
2
 44 ~錢
 145 購~一兩

0339 錢

錢	
10	
 155 黔首~假其田	44 金~
26 ~財	178 ~財
 40 二百廿~	 41 不盈一~

且部

0340 且

且
1
 150 租者~出以律

斤部

0341 所

11

- 137 ~失臧
- 8 ~致縣道官
- 82 河禁~殺犬
- 103 諸馬牛到~
- 3 行其~當行
- 137 ~受臧
- 143 不到~租
- 147 ~匿稅臧
- 148 其~受臧

斗部

0342 斗

2

- 192 ~誶

車部

0343 車

6

- 57 輓~
- 54 軺~
- 54 乘~

58 沒入其～馬牛

0344
軺
軺
1

54 ～車

0345
輕
輕
4

172 ～租直

173 ～重同罪

0346
輿
輿
2

59 騎作乘～御

0347
斬
斬
2

120 ～（塹）人疇企

2 ～其男子左趾

𠂤部

0348
官
官
19

7 縣道～

246 道～

64 貲～嗇

88 道～

8 縣道～

𨸏部

0349 除

除 2

146 ~其罪

251 治~敗

0350 陌

1

120 千~ 邵

四部

0351 四

四 2

116 廿~年

五部

0352 五

五 1

98 廿~年四月乙亥

六部

0353

六

2

192 到～

九部

0354

九

2

牘正 ～月

191 ～斗

嘼部

0355

獸

12

獸85 中～

37 死～

89 ～得

39 ～出在外

81 ～[者]

39 垣有壞決～道出

27 取臾中～

甲部

0356

甲

18

牘正 丞～

65 二～

73 二～

76 二～

106 二～

116 ～寅

152 二～

152 一～

53 二～

208 二～

120 一～

139 二～

乙部

0357

乙

1

98 ～亥

丙部

0358
丙

2

牘正
史～

牘正
～申

子部

0359
子

1

2
斬其男～左趾

寅部

0360
寅

1

116
甲～

巳部

0361
巳

4

牘正
～（已）坐以論

19
追事～（已）

68
事～（已）

279
～（已）夬乃

0362

目

目
29
 以85 ～皮革筋給用
 37 ～閉
42 ～上
 54 ～乘車軺車
 5 ～傳書閲入之
 123 ～田時
 125 ～敗程租上
 133 程田～爲臧
140 一尺～上
 142 皆～匿租者
牘正 己坐～論
189 ～□□□□不

未部

0363

未

未
5
 204 獄～央
 119 ～能祧
 196 ～葬
 105 ～有

申部

0364

申

申
1
牘正 九月丙～

筆畫序檢字表

一　本檢字表，供檢索《龍崗秦簡字形譜》正文單字的所有字頭和字頭下的俗寫異體用，由此可檢閱到相關字頭下的全部内容。

二　表中被檢字首先按筆畫排列，筆畫相同的字再按筆順（一、丨、丿、丶、乙）之序排列。

三　每一字頭之後是該字在字形譜中的字頭序號——四位阿拉伯數字或四位阿拉伯數字加「重」，或四位阿拉伯數字加「新」。例如：「甲　0356」表示「甲」的字頭序號爲「0356」。

四　鑒於有些字頭和字頭下的俗寫異體較爲生僻，爲便於檢索，本檢字表專門列出了與這些生僻字所對應的通行體，即通過檢索某一生僻字所對應的通行體，也可檢索到該生僻字。具體詳《凡例》第十四條。

夢 0186
禁 0007
嗇 0149
楢 0153
賈 0171
貲 0175
當 0333
賊 0305
農 0075
置 0209
罪 0208
雉 0107
稗 0193
節 0126
與 0074
傳 0219
傷 0221

僉 0144
詷 0065
羨 0235
羣 0110
辟 0241

十四畫

毄 0268
輕 0345
監 0228
臧 0089
僞 0220
貍 0254
獄 0271
詐 0066
實 0200
盡 0137

十五畫

駒 0256
歐 0259重
賞 0167
賜 0168
數 0096
遺 0042
稼 0190
質 0169
請 0060
諸 0062
論 0064
誶 0068
廟 0244
麃 0264
寫 0203
駕 0258
貈 0252

十六畫

㪔 0121
橋 0159
橎 0156
機 0158
縣 0238
黔 0275
[illegible] 0105
徼 0047
錢 0339
謁 0061
麇 0263
辨 0123
潚 0288
彊 0311

十七畫

隸 0087
豲 0250
購 0174
闌 0295
獸 0355
穜 0191
興 0346
償 0218
[illegible] 0336
[illegible] 0336
縱 0315

十八畫

騎 0257
鞫 0077
豲 0250
歸 0034
衝 0053

十九畫

壞 0327
櫝 0157
關 0296
疇 0331
獸 0355
罌 0073重

二十畫

黥 0276
[illegible] 0075

二十一畫

灋 0261

二十二畫

贖 0170
讀 0063

二十四畫

讓 0067

《説文》序檢字表

一　本檢字表，供檢索《龍崗秦簡字形譜》正文單字的所有字頭和字頭下的俗寫異體用，由此可檢閱到相關字頭下的全部内容。

二　表中被檢字見於《説文》者，按大徐本《説文》字序排列，分别部居；未見於《説文》者，按偏旁部首附於相應各部後。

三　每一字頭之後是該字在字形譜中的字頭序號——四位阿拉伯數字或四位阿拉伯數字加「重」，或四位阿拉伯數字加「新」。例如：「甲　0356」表示「甲」的字頭序號爲「0356」。

冂部
同 0206
㒳部
兩 0207
网部
罪 0208
置 0209
巾部
希 0210
人部
人 0211
企 0212
偕 0213
佰 0214
作 0215
假 0216
侵 0217

償 0218
傳 0219
僞 0220
傷 0221
免 0222
佩 0223
从部
從 0224
丘部
丘 0225
虛 0226
重部
重 0227
臥部
監 0228
身部
身 0229

衣部
祧 0230
尸部
居 0231
尺部
尺 0232
見部
見 0233
欠部
欲 0234
次部
羨 0235
盜 0236
盗 0236
首部
首 0237
県部

縣 0238
司部
司 0239
卩部
令 0240
辟部
辟 0241
勹部
冢 0242
广部
庶 0243
廟 0244
石部
石 0245
長部
長 0246
勿部

勿 0247
而部
而 0248
耐 0249重
豕部
豲 0250
豲 0250
彑部
彘 0251
[illegible] 0252
豸部
豺 0253
貍 0254
馬部
馬 0255
駒 0256
騎 0257

駕 0258
敺 0259重
馳 0260
廌部
灋 0261
鹿部
鹿 0262
麇 0263
麃 0264
兔部
兔 0265
犬部
犬 0266
犯 0267
殼 0268
狼 0269
狐 0270

力部

務 0335

[illegible] 0336

[illegible] 0336

劾 0337

金部

金 0338

錢 0339

且部

且 0340

斤部

所 0341

斗部

斗 0342

車部

車 0343

軺 0344

輕 0345

輿 0346

斬 0347

𠂤部

官 0348

𨸏部

除 0349

陌 0350

[illegible] 0350

四部

四 0351

五部

五 0352

六部

六 0353

九部

九 0354

嘼部

獸 0355

獸 0355

甲部

甲 0356

乙部

乙 0357

丙部

丙 0358

子部

子 0359

寅部

寅 0360

巳部

巳 0361

㠯 0362

以 0362

未部

未 0363

申部

申 0364